春夏秋冬

エコクラフトの雑貨

荒関まゆみ

朝日新聞出版

目次

新年

福寿草
P.4

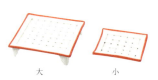
お正月トレー
P.5

門松飾り
P.6-7

春

カーネーション
P.10

四つ目の箱
P.11

豆雛
P.12

夏

ほおずき
P.14

かぶと飾り
P.15

七夕飾り
P.16

秋

りんどう
P.18

四つ目のかごとススキ
P.19

ハロウィンの小物入れ
P.20

冬

ポインセチア
P.22

クリスマスブーツ
P.23

クリスマスツリー
P.24

椿と松竹梅のしめなわ飾り
P.8

八重椿のしめなわ飾り
P.9

立ち雛
P.13

材料・用具と扱い方	P. 30
よく使うテクニック	P. 31
基本の編み方	P. 33
実物大型紙	P. 102
ニスについて	P. 54
粘土について	P. 80

ランチョンマットとコースター
P.17

※ P.34〜101の作り方のプロセス写真は、わかりやすくするため、実際の作品とエコクラフトの色を部分的にかえているものがあります。実際の色は、「材料」と「用意する幅と本数」を参照してください。
※ エコクラフトは色によって、ひもの幅に若干の差があります。
※ 記載している作品のサイズは目安です。手加減によってサイズはかわることがあります。

りんごの小物入れ
P.21

トレー
P.25

星形クリスマスリース
P.26

ユーカリのリース
P.27

ポインセチアの
クリスマスリース
P.28-29

新年

福寿草

元日草とも言われ、お正月を祝う花としても親しまれている福寿草。
花とつぼみは咲き具合を少しずつかえて、鉢植えに仕上げました。

How to make　P.34

大

小

お正月トレー

小さな鏡餅や和菓子を置くのによさそうな、四つ目で編んだ紅白トレーです。
大きいほうには脚をつけて少し高さを出しています。

How to make　P.38

門松飾り

お正月の玄関やリビングに飾りたい、小さな門松飾り。
竹のまわりには、梅、松、千両をあしらいました。同じものを2個作って対にして並べても。

How to make　P.40

椿と松竹梅のしめなわ飾り

1本幅に割いたエコクラフトをなわ状に編んで、しめなわを作ります。
縁起物の紅椿、松竹梅、千両をとり合わせた、お正月飾りです。

How to make　P.43

八重椿のしめなわ飾り

八重咲きの白椿に三つ編みひもや房などを組み合わせました。
おしゃれでモダンな雰囲気のしめなわ飾りは、洋風のお部屋にもよく似合います。

How to make　P.47

春

カーネーション

母の日の贈り物の定番、赤いカーネーションの鉢植えです。
ギザギザにカットした花びらを何枚も重ねることで、カーネーションらしさを表現しました。

How to make　P.49

四つ目の箱

大きいほうはハガキが入るサイズ、小さいほうは畳んだハンカチがちょうど収まる大きさです。
母の日のプレゼントを入れて、カーネーションと一緒に贈っても。

How to make　P.52

豆 雛

パーツは多いですが、切って貼るだけなので難しくありません。
小さくて愛らしい雛人形は、お子さんやお孫さんに作ってあげるのにもいいですね。

How to make　P.55

立ち雛

凛とした立ち姿が美しい雛人形です。楕円に編んだものを半分に折って、
立ち雛の着物にしているところがポイント。人形ができていく工程も楽しい作品です。

How to make　P.59

夏

ほおずき

ほおずきの鉢植えがある風景は、夏の風物詩。オレンジ色と薄緑色のかわいい実が魅力です。
実は5片のパーツを貼り合わせて立体にしています。

How to make　P.62

かぶと飾り

男の子の健やかな成長を願う、かぶと飾り。
鍬形、鉢、吹き返し、眉庇など、本物のかぶとをできるだけ再現しました。

How to make　P.64

七夕飾り

竹を作り、短冊、くさり、提灯、吹き流しなど、小さな飾りをたくさん作ってつけました。
お子さんと一緒に飾りつけるのも楽しいと思います。

How to make　P.69

ランチョンマットとコースター

涼しげなランチョンマットとコースターのセット。作り方はとても簡単です。
いろいろな2色の組み合わせで、たくさん作ってみてください。

How to make　P.71

秋

りんどう

秋の代表的な山野草として、人気の高いりんどう。
小さな筒状の花やつぼみを作り、それを2、3輪まとめて茎に貼りつけます。

How to make　P.73

四つ目のかごとススキ

かごにお菓子やお茶など入れて、秋の夜長を楽しんでみてはいかがですか?
月見団子をかごにのせて、ススキを添えるのもおすすめです。

How to make　P.75

大

小

ハロウィンの小物入れ

かわいい顔をした、かぼちゃの小物入れには、キャンディーやお菓子を詰めて。
お友達やお子さんへのハロウィンのプレゼントにぴったりです。

How to make　P.78

りんごの小物入れ

コロンとした形がかわいい、ふたつきの小物入れ。
赤、青、黄など、エコクラフトの色をかえて、いろんなりんごを作るのもおすすめです。

How to make　P.81

ポインセチア

クリスマスが近づくと、花屋さんの店先を飾るポインセチア。
中心の花のまわりを囲む赤い苞（ほう）は、エコクラフトを3枚貼り合わせて作っています。

How to make　P.84

クリスマスブーツ

つま先側に引き返し編みを入れて丸みを出したところがポイント。
ブーツの中にお菓子を入れてプレゼントするのもいいですね。

How to make　P.86

クリスマスツリー

小さなツリーを作り、星と飾りをつけました。飾りの色や数はお好きなようにアレンジしてください。
白い雪も細かく刻んだエコクラフトでできています。

How to make　P.90

小

大

トレー

エコクラフトを縦向きと横向きに方向をかえて貼って2重にし、円形にカットして作ります。
最後にレリーフのような飾り模様をつけます。

How to make　P.94

星形クリスマスリース

2重にしたエコクラフトを星形に組んで、リースの土台を作ります。
ベルやユーカリなどをさり気なく飾り、シンプルなリースに仕上げました。

How to make　P.97

ユーカリのリース

ユーカリの葉をたくさん作って、土台につけていくだけ。
ナチュラルな雰囲気のリースは、季節を問わず、一年中お部屋に飾っておけます。

How to make　P.96

ポインセチアの
クリスマスリース

土台のリースはエコクラフトを円形にぐるぐる巻いて作っています。
赤とクリームのポインセチアを主役に、ヒイラギとオリーブ、赤いリボンをあしらいました。

How to make　P.99

| 材料・用具と扱い方 |

エコクラフト®

ハマナカエコクラフト®は、牛乳パックなどの再生紙から作られた手芸用の紙バンド。柔軟性があり、手軽に切ったり、割いたり、貼ったりできるのが特徴です。エコクラフトは細い「こより」が12本集まって束になっています。この状態を「12本幅」と呼びます。各作品の「用意する幅と本数」を参照して、必要な幅と長さに切って使います。また、エコクラフトには[5m巻]と[30m巻]の2種類があります。必要な長さに合わせて使い分けましょう。

エコクラフト
[5m巻]

エコクラフト
[30m巻]

エコクラフト実物大

※エコクラフトのことを作り方解説では「ひも」と呼んでいます。

| 用 具 | この本の作品作りに必要な主な用具を紹介します。( )内は商品番号 |

・ハマナカクラフトハサミ
（H420-001）

グリップの大きな
手芸用が便利

・メジャーと定規
ひもをカットしたり、
長さを測るときに

・ペンチと目打ち

ひもを巻いたり、差し込んだりといった細かい作業に使う

・ハマナカ手芸用
クラフトボンド（H464-003）

乾くと透明になり、接着力が強いものを選ぶ

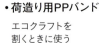

・荷造り用PPバンド
エコクラフトを
割くときに使う

・洗濯バサミ
編みひもを押さえたり、貼り合わせるのに10個くらい必要。小さい作品には洋裁用などの小さな洗濯バサミがあると便利

・ぬれぶきん
ボンドで手が汚れるので、手元に用意しておくとよい

・マスキングテープ
ひもを束ねたり、
仮止めをするときに

・ビニールタイ
ひもを束ねるときに

エコクラフトの割き方

エコクラフトを必要な長さにカットし、ひも端に2cmくらい溝に沿って切り込みを入れます。切り込みにPPバンドを垂直に入れ、ひもを手前に引っ張り割いていきます。カットしたひもは番号別に束ねたり、小袋などに入れてまとめておきましょう。マスキングテープやビニールタイなども利用すると便利です。

 →

よく使うテクニック

ひもの貼り合わせ方

○2枚重ねて貼る

aひもにボンドをつけてbひもを上にのせ、しっかりと押さえて2重にします。

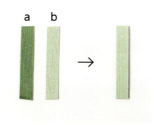

○突き合わせに貼る

aひもの縁にボンドをつけ、bひもと突き合わせに貼ってひも幅を広げます。

○2mm重ねて貼る

bひもの左端の裏側にボンドをつけ、aひもに2mm重ねて貼り合わせます。

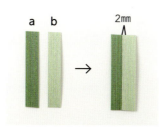

○3枚をずらして貼る

葉などを作るときに、aひも2枚を上側は突き合わせにし、下側は間隔をあけてbひもに貼ります。

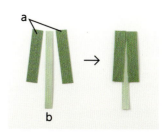

○表と裏で向きをかえて貼る

ひもを表側は横向き、裏側は縦向きといったように表裏で向きをかえて貼り、2重のシートを作ります。

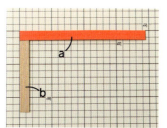

1 bひもを縦向きに1枚おき、aひもを横向きに貼る。aとbのひもが直角になるように、下に方眼紙や方眼マットなどを敷いて貼るとよい。

2 残りのaひもを横向きに並べて貼っていく。

3 aひもを全部貼ったところ。

4 裏返し、残りのbひもを縦向きに貼る。

Point 面積の大きいものを貼るときは、次に貼るひもを刷毛がわりにしてボンドをのばす作業がスムーズです。

5 bひもを全部貼ったところ。2重のシートができる。

6 必要に応じて、まわりのひものはみ出しをカットする。横向き、縦向きのどちらを表側にするかは作品によって違うので各作り方ページを参照する。

パーツの切り出し方

◯ 型紙を当ててカットする

型紙をコピーまたはハトロン紙などにトレースして写し、ひもの上にのせて鉛筆で輪郭線をなぞり、カットします。

◯ 型紙のないとき

型紙がない花びらや葉は、写真を参照してカットします。基本的にはひもの幅と長さをいっぱいに使います。写真に幅数や長さが書いてあるものは、それも目安にするとよいでしょう。

5本幅

編みひもで編むとき

◯ 編みひもをつなぐ

編みひもが何本かに分かれているときは、なくなったら縦ひもの裏側で次の編みひもと貼り合わせます。

◯ 洗濯バサミで押さえる

編むときは、ところどころ編みひもと縦ひもを洗濯バサミで押さえながら編み、編みひもが浮くのを防ぎます。

ひもを巻いてずらす

ひもをくるくる巻いて巻き終わりをボンドでとめた後、ひもを持ち上げてずらし、形を作ります。

1 ひも端を手またはペンチで丸め、巻き始めだけボンドでとめる。

Point あとで中心に軸などを通す場合は、必要な大きさの穴をあけてボンドでとめ、巻き始めます。

2 2周目からはボンドをつけずにくるくると巻き、巻き終わりは4〜5cmボンドでとめる。

3 巻き終わったところ。

4 中心を押してひもをずらして持ち上げる。

5 形ができたところ。

6 内側にボンドを塗り込んで乾かす。

基本の編み方

追いかけ編み

2本の編みひもの編み始めの位置をずらし、2本の編み目が互い違いになるように編みます。

ねじり編み

2本の編みひもを交互にかけていく編み方。下側にあるひもを隣の縦ひもによじれないように注意してかけます。

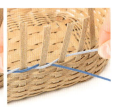

3本なわ編み

3本の編みひもを順番に縦ひもにかけてなわ編みを編んでいきます。

1 3本の編みひもの端を1.5cmずつずらしてボンドで重ねて貼る。

2 1の編みひもを指定の縦ひもの裏側にボンドで貼る。縦ひもの位置を1本ずつずらして、編みひもを手前に出す。

3 左のひも（マロン）をひもを出した位置から縦ひも2本とばして次の縦ひもにかける。

4 真ん中のひも（パステルブルー）をひもを出した位置から縦ひも2本とばして次の縦ひもにかける。このひもが一番上にくる。

5 右のひも（つゆ草）をひもを出した位置から縦ひも2本とばして次の縦ひもにかける。このひもが一番上にくる。

6 3本のひもを動かしたら、3で動かした最初のひも（マロン）を縦ひも2本とばして次の縦ひもにかける。同様に3本のひもを順番に縦ひもにかけていく。

7 指定の周数（ここでは1周）編む。2で3本のひもを貼った縦ひもの1本右の縦ひもまで編む。

8 最後に縦ひもにかけたひも（パステルブルー）を縦ひも2本とばしてかごの内側に入れる。

9 次のひも（マロン）も縦ひも2本とばしてかごの内側に入れる。

10 最後のひも（つゆ草）も縦ひも2本とばしてかごの内側に入れる。

11 内側に入れた3本のひもを1.5cmずつずらしてカットし、ボンドで裏側に貼る。

福寿草 | Photo P.4

正面
高さ約13cm

◎材料
ハマナカ エコクラフト　[5m巻] 黄色 (8)、モスグリーン (12)、ベージュ (1) 各1巻
ハマナカ エコクラフト　[30m巻] からし (124) 1巻
粘土適宜

◎用具　30ページ参照

◎用意する幅と本数

	色	幅	長さと本数	
①大の花の花弁(外側)	黄色	10本幅	2.5cm×24	(2輪分)
大の花の花弁(内側)	黄色	8本幅	2cm×20	(2輪分)
②小の花の花弁(外側)	黄色	10本幅	2.5cm×10	(1輪分)
小の花の花弁(内側)	黄色	8本幅	2cm×10	(1輪分)
③つぼみ1の花弁	黄色	8本幅	2cm×8	(1輪分)
④つぼみ2の花弁	黄色	8本幅	2cm×3	(1輪分)
⑤花心	からし	12本幅	1.2cm×6	(大と小の花 計3輪分)
⑥花心の外側	黄色	12本幅	2.2cm×6	(大と小の花 計3輪分)
⑦大の花の茎	からし	12本幅	4cm×18	(2輪分)
⑧小の花とつぼみの茎	からし	12本幅	4cm×18	(小の花1輪+つぼみ2輪 計3輪分)
⑨葉	モスグリーン	12本幅	4cm×22	(大の花2輪12枚+小の花4枚+つぼみ6枚)
⑩鉢底	ベージュ	4本幅	300cm×1	
⑪鉢側面	ベージュ	8本幅	300cm×1	
⑫化粧砂	からし	12本幅	約15cm	
化粧砂	ベージュ	12本幅	少々	
化粧砂	モスグリーン	12本幅	少々	

後ろ

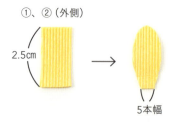

1　①ひも(外側)、②ひも(外側)をすべて花びらの形にカットする。

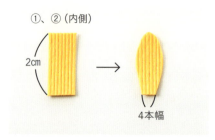

2　①ひも(内側)、②ひも(内側)もすべて花びらの形にカットする。

3　⑤ひもは根元を5mm残して切り込みを入れる。

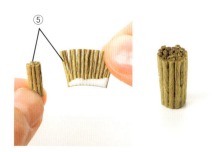

4　3の根元にボンドをつけて、2枚1組でくるくる巻く。2枚1組で3輪分の花心を作る。

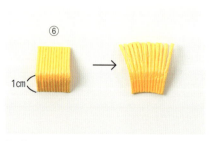

5　⑥ひもは1cm折って残し、切り込みを入れる。

6　5で切り込みを入れた先端をペンチで反らせる(4枚は外向き、2枚は内向き)。

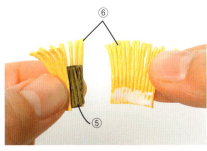

7　⑥ひもにボンドをつけ、⑤ひものまわりに2枚ずつ貼る。

8　大の花の花心2輪分は⑥ひもを外側に反らせ（写真左）、小の花の花心1輪分は⑥ひもを内側に曲げる（写真右）。

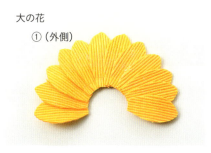

9　①ひも（外側）12枚の根元を少しずつ重ねてボンドで放射状に貼る。もう1組作る。

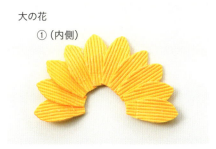

10　①ひも（内側）10枚も同様に放射状に貼る。もう1組作る。

11　②ひも（外側）、②ひも（内側）各10枚もそれぞれ放射状に貼る。

12　放射状に貼った花弁の先端を指でつまんで、外側に反らせて表情をつける。

13　8の花心まわりに、内側の花弁、外側の花弁の順に巻くようにボンドで貼る。

14　貼ったところ。大の花2輪、小の花1輪を作る。

15　花弁にふくらみをもたせるように、ペンチで花弁の先端を少し内側に曲げる。

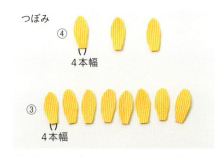

16　③ひも、④ひもは、すべて花びらの形に切る。

17　③、④ひもの根元をすぼませ、先端は内側に曲げる。

18　③ひも8枚と④ひも3枚の根元をそれぞれ重ねてボンドで貼り、ひとまとめにする。

つぼみ1　つぼみ2

19　貼ったところ。

20　⑦ひも、⑧ひもを3枚1組で貼り合わせる（下側は幅半分重ね、上側は1本幅分重ね）。

21　上部を波形にカットし、筒状に貼り合わせる。⑦6個（2輪分）、⑧6個（3輪分）の茎を作る。

22　⑨ひもを葉の形にカットする。

23　葉の形は全部同じでなく、少しずつ変化をつけるとよい。

24　⑦の茎に葉2枚をボンドをつけて入れ、大の花を入れる。

25　別の⑦の茎に葉2枚を入れ、24の茎の下端にボンドをつけて葉の向きが重ならないように差し込む。

26　25と同様に別の⑦の茎に葉2枚を入れ、25の茎の下端にボンドをつけて差し込む。大の花をもう1輪（計2輪）作る。

27　小の花も⑧の茎2組と葉4枚で同様に差し込んで作る。

28　つぼみ1と2も⑧の茎と葉で同様に作るが、葉は上のほうは1枚にする。

29　つぼみ1ができたところ。

30　つぼみ2ができたところ。

31 鉢を作る。⑩ひもを二つ折りにし、折り山を2.5cm折り込む。

32 2.5cm折り込んだ部分をボンドでとめ、くるくる巻いていく。

33 長径約7cm、短径約6cmの楕円形を作り、巻き終わりをボンドでとめる。片面にボンドを塗り込んで乾かす（この面が鉢底の内側）。

34 ⑪ひもを底面の縁に下端を合わせて1周ボンドで貼る。

35 2周目からはボンドをつけずに⑪ひもがなくなるまで巻き、巻き終わりは4〜5cmボンドでとめる。

36 ⑪ひもをずらしながら高さ4cmまで持ち上げて鉢の形にする。

37 最後の3周はずらさないで、縁に厚みをもたせる。

38 鉢の内側にボンドを塗り込んで乾かす。ボンドを塗り込むのは、形を固定するためと粘土の油分が鉢にしみ込むのを防ぐため。

39 鉢に粘土を入れて平らにする。

40 大の花2輪、小の花1輪、つぼみ2輪をバランスよく配置して粘土に差し込む。

41 ⑫ひもで化粧砂を作る。ハサミでひも幅に切り込みを入れてから細かくカットする。茎や葉を切り出した残りも細かく刻んで利用するとよい。

42 粘土を隠すように化粧砂で表面を覆う。でき上がり。

お正月トレー | Photo P.5

大
15cm×15cm、高さ3.5cm

小
11cm×11.5cm

◎材料　ハマナカ エコクラフト [5m巻]
　大　白(2)、赤(31) 各1巻
　小　白(2)、赤(31) 各1巻
◎用具　30ページ参照

◎用意する幅と本数

	色	幅	大 長さと本数	小
①横ひも	白	12本幅	15cm × 9	11cm × 7
②縦ひも	白	12本幅	15cm × 7	11cm × 5
③縦縁ひも	白	12本幅	16cm × 4	12cm × 4
④縦縁補強	白	2本幅	16cm × 2	12cm × 2
⑤横縁ひも	白	12本幅	13cm × 4	9cm × 4
⑥赤縁ひも	赤	4本幅	63cm × 1	48cm × 1
⑦赤縁ひも	赤	2本幅	62cm × 1	47cm × 1
⑧脚	白	12本幅	4.5cm × 8	
⑨脚	白	12本幅	3cm × 12	

※ **大**で解説をしています。**小**は指定の長さと本数で同様に作ります。

1　②ひもの上に①ひもの中央を合わせてのせ、直角になるようにボンドで貼り合わせる。

2　1本目の②ひもの両わきに、2本幅分の間隔をあけて、②ひもを①ひもの上に貼る。余ったひもを2本幅にして、定規がわりに当てるとよい。

3　2本幅の間隔をあけながら、①ひもの上と下に交互に、②ひもを**大**は計7本、**小**は計5本貼る。

4　同様に2本幅分の間隔をあけながら、残りの①ひもを編み目が交互になるように上下に**大**は3本ずつ、**小**は2本ずつ通す。

5　軽く霧吹きをして、ひもとひもとの間隔を整える。

6　整えたところ。

7 上端と下端の①ひもと②ひもの重なり部分をボンドでとめる。

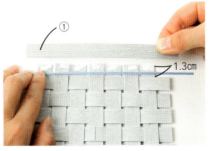

8 ②ひもの両端を1.3cm残して切りそろえ、2本幅の間隔をあけて、残りの①ひもを上端に貼りつける。

9 ①ひもを下端にも**8**と同様に貼りつける。

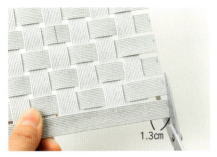

10 左右の①ひもの両端を1.3cm残して切りそろえる。

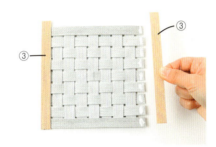

11 ③ひもを2本幅分の間隔をあけて、左端と右端に1枚ずつ貼る。③ひものはみ出しはカットする。

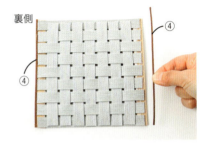

12 裏返し、左右の端に④ひもを貼る。

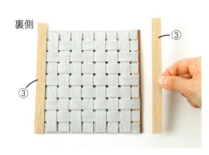

13 ③ひもにボンドをつけ、裏側の左右の端にさらに貼る。③ひものはみ出しはカットする。

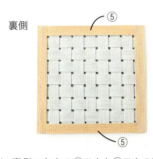

14 裏側の左右の③ひもと③ひもの間に、⑤ひもを貼る。⑤ひもは③ひもと突き合わせになるように長さを調整する。

15 表に返し、表側の③ひもと③ひもの間にも、⑤ひもを貼る。

16 縁を反らせるように持ち上げる。

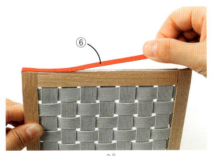

17 ⑥ひもをトレーの縁に、ひもの下端を合わせて1周貼る。

18 貼り終わりはひもの余分をカットし、貼り始めと突き合わせにする。

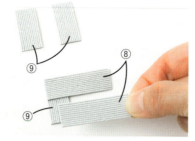
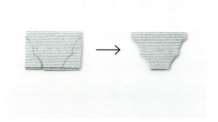

19 トレーの表側の端の内側に、⑦ひもを1周貼る。

20 大は脚を作る。表側に⑧ひも2枚を横向きに、裏側に⑨ひも3枚を縦向きに貼って2重にする（P.31参照）。同じものを4個作る。

21 型紙（P.102参照）を当てて脚の形にカットする。

22 21を直角に曲げる。

23 トレーの裏側の四隅にボンドでつける。

24 でき上がり。

門松飾り　｜　Photo P.6-7

◎**材料**　ハマナカ エコクラフト [5m巻]
抹茶（37）、クリーム（10）、ベージュ（1）、
モスグリーン（12）、ザクロ（35）各1巻
粘土適宜

◎**用具**　30ページ参照

正面
高さ17cm

斜め後ろ

◎**用意する幅と本数**

	色	幅	長さと本数	
①長い竹（外側）	抹茶	12本幅	14cm × 4	
②短い竹（外側）	抹茶	12本幅	11cm × 8	(4×2本)
③長い竹（内側）	クリーム	12本幅	14cm × 3	
④短い竹（内側）	クリーム	12本幅	11cm × 6	(3×2本)
⑤竹（内側上部）	クリーム	12本幅	5cm × 6	(2×3本)
⑥竹（内側上部）	クリーム	6本幅	5cm × 6	(2×3本)
⑦松葉	モスグリーン	12本幅	3cm × 15	(5×3本)
⑧松芯	ベージュ	2本幅	20cm × 3	
⑨梅 花弁	ザクロ	12本幅	1.5cm × 15	(5×3輪)
⑩梅 花心	クリーム	10本幅	1.2cm × 3	
⑪梅 花軸	ベージュ	2本幅	4cm × 6	(2×3本)
⑫梅 枝	ベージュ	8本幅	12cm × 1	
⑬千両 葉	モスグリーン	12本幅	4cm × 10	(2×5枚)
⑭千両 葉柄	モスグリーン	2本幅	4cm × 5	
⑮千両 実	ザクロ	2本幅	5cm × 6	
⑯こも	ベージュ	12本幅	6cm × 11	
⑰こも	ベージュ	4本幅	4cm × 11	
⑱こも 底	ベージュ	12本幅	6cm × 8	
⑲こも 巻きひも	ベージュ	2本幅	19cm × 2	

竹

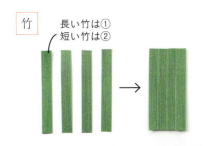

1　①ひも4枚を2mm重ねて貼り合わせる（横幅をP.102の型紙の横幅に合わせる）。②ひもも同様に4枚重ねて貼り合わせ、②ひもで同じものをもう1枚作る。

2　①ひもの上に③ひもを3枚並べて貼る。③ひもは左端をそろえ、間隔を1mm強あけて貼る。②ひもの上にも④ひもを3枚ずつ同様に貼る。

3　さらにその上に⑤ひもと⑥ひもを、左から⑥⑤⑤⑥の順に、間隔を1mmあけて貼る。短い竹も同様に貼る。右端はのり代になるので、あけておく。

4　外側に返して型紙（P.102参照）を当ててカットする。

5　カットしたところ。短い竹も上部に型紙を当て、同様にカットする。

6　のり代にボンドをつけ、竹を巻いて貼り合わせる。

7　短い竹も同様に貼り合わせる。長い竹が1本、短い竹が2本できる。

8　竹3本をボンドで貼り合わせる。

松

9　P.44の7〜11を参照し、⑦ひもと⑧ひもで松を3本作るが、⑦ひもを⑧ひもに貼るときは7mmずつ下にずらして貼る。

梅

10　P.45・46の30〜33を参照し、⑨、⑩、⑪ひもで梅を3輪作るが、3輪それぞれ咲き具合をかえる。

11　⑫ひもに梅の花3輪を順に挟み込み、枝を丸めるように貼り合わせる。

12　貼り合わせたところ。枝の先を斜めにカットし、枝を少し曲げる。

千両	こも	

裏側

13　P.45の25〜29を参照し、⑬、⑭、⑮ひもで千両を1個作るが、葉は5枚のうち、1枚をやや小ぶりにカットしてつける。

14　⑯ひもを突き合わせにしてボンドで貼り、⑯ひものつなぎ目に⑰ひもを貼る。

15　全部つなげたところ。

16　⑰ひもを貼っている側には1cm、反対側には1.5cmの切り込み（2本幅くらい）を入れる。

17　表に返し、1.5cmの切り込みを入れた側を定規を当てて折り曲げる。

18　左右の端をボンドで貼り合わせて筒状にする。折り曲げたほうがこもの下側になる。

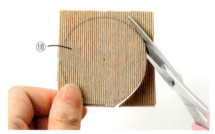  

19　⑱ひもを表側と裏側に4枚ずつ縦向きと横向きに貼って2重のシートを作る（P.31参照）。直径約5.5cmの円を描いてカットする。

20　カットしたところ。

21　⑳の底の断面にボンドをつけて、こもの側面の内側にぴったり合うようにつける。底面が大きいときは、カットしてサイズを調整する。

22　こもの内側全体にボンドを塗り込み、乾かす。粘土を入れ、⑲ひもを2カ所に巻いて貼る。

23　竹を差し込み、千両、松、梅をバランスよく粘土に差し込む。

24　でき上がり。

椿と松竹梅のしめなわ飾り | Photo P.8

◎**材料** ハマナカ エコクラフト[5m巻] ベージュ(1)3巻
モスグリーン(12)、赤(31)、黄(8)、抹茶(37)、白(2) 各1巻
◎**用具** 30ページ参照

◎**用意する幅と本数**

		色	幅	長さと本数	
①	しめなわ	ベージュ	12本幅	150cm×8	
②	松葉	モスグリーン	12本幅	4cm×25	(5×5本)
③	松芯	ベージュ	2本幅	25cm×5	
④	椿 花弁	赤	12本幅	4cm×24	(3×8枚)
⑤	椿 花心	黄	12本幅	2.5cm×6	
⑥	椿 茎	ベージュ	3本幅	14cm×1	
⑦	椿 葉	モスグリーン	12本幅	6cm×4	(2×2枚)
⑧	椿 葉裏	モスグリーン	6本幅	6cm×2	
⑨	竹 葉	抹茶	10本幅	4cm×21	(3×7本)
⑩	竹 葉脈	ベージュ	3本幅	9cm×7	
⑪	千両 葉(大)	モスグリーン	12本幅	5cm×8	(2×4枚)
⑫	千両 葉(小)	モスグリーン	12本幅	3.5cm×4	(2×2枚)
⑬	千両 葉柄	ベージュ	2本幅	7cm×6	
⑭	千両 実	赤	2本幅	7cm×6	
⑮	梅 花弁	白	12本幅	1.5cm×25	(5×5輪)
⑯	梅 花心	黄	9本幅	1.2cm×5	
⑰	梅 花軸	ベージュ	2本幅	4cm×12	(2×6本)
⑱	梅 枝	ベージュ	8本幅	12cm×1	
⑲	紅白ひも	赤	1本幅	70cm×6	
⑳	紅白ひも	白	1本幅	70cm×6	
㉑	つりひも	ベージュ	1本幅	15cm×3	

正面
直径約18cm

後ろ

しめなわ

1 ①ひもをすべて1本幅に割く。まとめやすいように片端を3cmくらい残しておく。

2 割いた①ひもを半分に折って輪のほうを輪ゴムでとめ、1で残した片端も割く。そのうちの1本をしばりひも用にとっておく。

3 輪のほうからなわ状に編んでいく。手首を赤い矢印のように返してよりながらなわにしていくと、ほどけにくい。

4 なわができたら、丸くして両端を上部で重ね、とっておいた①ひもの残りから60cmをカットしてしばる。

5 しめなわのひも端を切りそろえる。

6 輪の間にもハサミを入れて切り、左右の長さが同じになるように切りそろえる。形を整え、しばったほうを上にする。

43

松

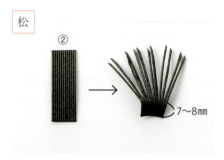

7 ②ひもは下端から7〜8mmのところで折り、7〜8mm残してハサミで1本幅に割り、先端を斜めにカットする。

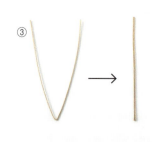

8 ③ひもを半分に折り、ボンドで貼り合わせて2重にして松芯を作る。

9 松葉の下側にボンドをつけ、松芯（折り山を上にする）の上端から1.5〜2cm下に巻きつけるように貼る。

10 松芯に松葉を1cm下にずらして貼る。

11 同様に松葉を1cmずつずらし、松芯1本につき5枚貼る。計5本作る。

椿

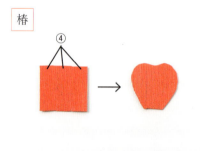

12 ④ひも3枚を突き合わせにしてボンドで貼り、36本幅にする。型紙（P.102参照）を当てて花びらの形にカットする。計8枚作る。

13 カットした花弁は、外側5枚、内側3枚を扇状に下部を重ねて貼る。

14 ⑤ひもは下端から5mmのところで折り、5mm残してハサミで1本幅に割く。

15 14を先端が内側を向くようにペンチでくせをつける。

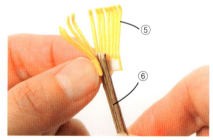

16 ⑥ひもを8と同様に2重に貼り合わせて茎を作り、⑤の花心の下側にボンドをつけ、茎（折り山を上にする）の上端に巻きつけるように貼る。

17 花心を6枚全部貼りつける。

18 花心のまわりに13の内側の花弁と外側の花弁を順に巻くようにボンドで貼る。

19 花びらの根元はくっつきにくいので、乾くまでしっかりと押さえる。

20 ⑦ひも2枚を並べ、裏側に⑧ひも1枚を貼り（上側は突き合わせにし、下側は間隔をあけて貼る）、葉の形にカットする。計2枚作る。

21 葉の根元にボンドをつけ、花びらの外側にバランスよくつける。

22 ボンドが完全に乾いたら、手で花びらと葉を外側に広げて表情をつける。

竹の葉

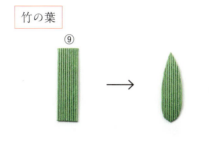

23 ⑨ひもを竹の葉の形にカットする。

24 ⑩ひもの先端から3cmを1本幅に割り、先を斜めにカットする。両側の2本は7〜8mm短くし、葉を3枚ボンドで貼る。計7本作る。

千両

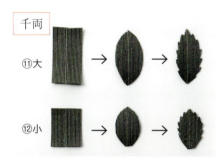

25 ⑪ひもと⑫ひもは、それぞれ2枚ずつ2mm重ねて貼り、葉の形に切り出し、さらにまわりをギザギザにカットする。

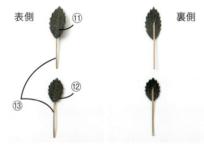

26 ⑬ひもの先を斜めにカットし、⑪と⑫の葉の裏側に貼る。葉は大4枚、小2枚作る。

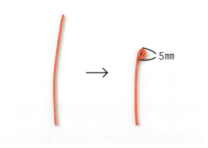

27 ⑭ひもの先端を手で3回折ってボンドで貼り、実を作る。

28 ⑭ひもの下側にボンドをつけて6本全部をまとめて貼り合わせ、そのまわりに26の葉を小、大の順にバランスよく貼る。葉は葉柄部分にボンドをつけて貼る。

29 全部貼ったところ。

梅

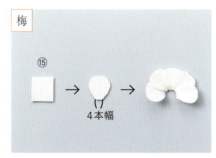

30 ⑮ひもを花びらの形にカットし、5枚を扇状に下部を重ねて貼る。計5組作る。

31 ⑯ひもは下端から5mmのところで折り、5mm残してハサミで1本幅に割く。

32 ⑰ひもは2枚ずつ重ねて貼り合わせる。計6本、花軸を作る。

33 花軸の先端に31の花心を巻きつけるように貼り、まわりに花弁を巻くようにボンドで貼る。花軸の端を斜めにカットする。計5輪作るが、5輪それぞれ咲き具合をかえる。

34 ⑱ひもに32の花軸1本(端を斜めにカットする)、梅の花2輪をつける。

35 ⑱ひもを丸め、ボンドをつけて花軸、梅の花を順に挟み込み、丸めるように貼り合わせる。

36 枝ができたところ。残りの梅3輪はあとでしめなわに貼るときに使う。

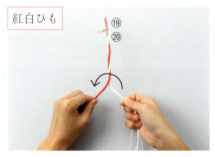  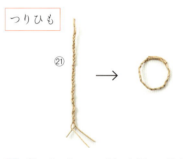

37 ⑲、⑳ひもの端をビニールタイなどでとめ、それぞれ6本1組にしてゆるくなわ状に編む(しめなわのようによらなくてもよい)。

38 端までなわ状に編んだら、二重の輪を作り、①ひもの残りから20cmカットして上部をしばる。

39 ㉑ひも3本で三つ編みを編み、輪を作ってボンドでとめる。

40 残りの①ひもを使って、紅白ひもを固定しながら39のつりひもを上部にとりつける。

41 仕上げをする。まず上部中央に椿と千両を差し込み、そのまわりに松、竹、梅をバランスよく配置する。各パーツは根元にボンドをつけ、しめなわの中に差し込んだり、しめなわの上に貼って固定する。

42 でき上がり。

八重椿のしめなわ飾り　｜　Photo P.9

◎**材料**　ハマナカ エコクラフト [5m巻] ベージュ (1) 3巻
モスグリーン (12)、白 (2)、赤 (31)、コスモス (34) 各適宜
◎**用具**　30ページ参照

◎**用意する幅と本数**

	色	幅	長さと本数	
①しめなわ	ベージュ	12本幅	150cm × 8	
②松葉	モスグリーン	12本幅	4cm × 15	(5×3本)
③松芯	ベージュ	2本幅	25cm × 3	
④椿 花弁 a	白	12本幅	3.5cm × 5	
椿 花弁 b	白	12本幅	3.5cm × 6	(2×3枚)
椿 花弁 c	白	12本幅	3.5cm × 10	(2×5枚)
椿 花弁 d	白	12本幅	4cm × 10	(5枚)
椿 花弁 d	白	6本幅	4cm × 5	
椿 花弁 e	白	12本幅	4.5cm × 15	(3×5枚)
⑤椿 花心	ベージュ	3本幅	6cm × 2	
⑥椿 葉	モスグリーン	12本幅	6cm × 6	(2×3枚)
⑦椿 葉裏	モスグリーン	6本幅	6cm × 3	
⑧千両 葉(大)	モスグリーン	12本幅	5cm × 16	(8枚)
⑨千両 葉(小)	モスグリーン	12本幅	4cm × 8	(4枚)
⑩千両 実	赤	2本幅	6cm × 12	
⑪千両 葉柄	ベージュ	2本幅	7cm × 12	
⑫房の三つ編み	コスモス	6本幅	20cm × 2	
⑬房部分	コスモス	12本幅	20cm × 4	
⑭房巻きひも	コスモス	1本幅	80cm × 2	
⑮三つ編み輪飾り	コスモス	6本幅	60cm × 1	
⑯つりひも	ベージュ	1本幅	15cm × 3	

正面
直径約18cm

後ろ

しめなわ

約10cm
①
裏側

松

②
③

1 P.43の1～5を参照し、①ひもでしめなわを作る。片側のひもの端を切りそろえたら、輪のほうを根元で切り落とす。

2 切り落としたところ。切り落とした①ひもの先にボンドをつけて固めておく。

3 P.44の7～11を参照し、②ひもと③ひもで松を3本作る。

椿

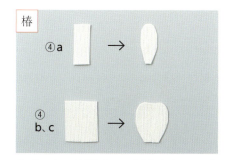

④a
④b、c

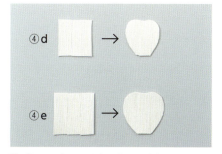

④d
④e

④b 3枚　④c 5枚
④d 5枚　④e 5枚

4 ④ひもaは型紙 (P.102参照) を当てて、花びらの形にカットする。④ひもb、cはそれぞれ2枚ずつ突き合わせにして貼って24本幅にし、型紙を当てて花びらの形にカットする。aは5枚、bは計3枚、cは計5枚作る。

5 ④ひもdは12本幅2枚と6本幅1枚を突き合わせにして貼って30本幅に、④ひもeは3枚を突き合わせにして貼って36本幅にする。それぞれ型紙を当てて花びらの形にカットし、dとeそれぞれ5枚作る。

6 ④ひもb～eをそれぞれ扇状に下部を重ねて貼る。

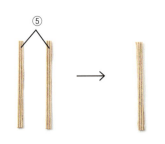

7 ⑤ひもは2枚を重ねて貼り合わせ、花心を作る。

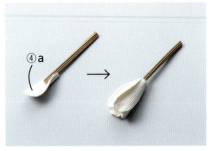

8 ④ひもaの先端を手で曲げて表情を出し、花心に1枚ずつ貼る。

9 ④ひもb〜eは、花びらの先を手で外側に反らせる。

10 8に④ひもをb、cの順に巻くようにボンドで貼る。

11 さらに④ひもd、eを順に同様に貼る。

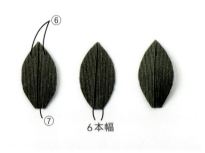

12 ⑥ひも2枚を並べ、裏側に⑦ひも1枚を貼り（上側は突き合わせにし、下側は間隔をあけて貼る）、葉の形にカットする。計3枚作る。

13 葉の根元にボンドをつけ、花弁の外側にバランスよくつける。

14 椿のでき上がり。

千両

15 P.45の25〜29を参照し、⑧、⑨、⑩、⑪ひもで千両を2個作る。

房

16 ⑫ひも1本を1本幅に割り、2本1組にして三つ編みを編む。⑬ひも2本は1本幅に割り、24本をまとめて半分に折る。

17 ⑬ひもの折り山に三つ編みの端を渡してボンドでとめる。

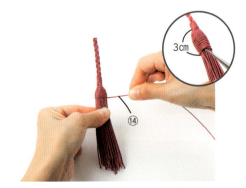

18 ⑭ひもの端にボンドをつけ、三つ編みひもの下部から房の根元にかけて巻いていく。巻き終わりは余分をカットし、ひもの端にボンドをつけて目打ちで巻いた部分に入れ込む。

19 房の先を切りそろえる。16〜18と同様に同じものをもう1組作る。

20 ⑮ひもは1本幅に割き、2本1組にして三つ編みを編み、二重の輪を作り、上部をボンドでとめる。

21 しめなわ（90度向きをかえる）に2重の輪を①ひもの残りを使って固定する。

22 19の房（1本は長さを短くする）をバランスよくボンドで貼りつける。

23 椿、松、千両をバランスよく配置し、各パーツにボンドをつけ、しめなわの中に差し込んだり、しめなわの上に貼って固定する。

24 P.46の39を参照して、⑯ひもで三つ編みの輪を作り、残りの①ひもを使って、つりひもを上部にとりつける。（P.47の後ろの写真参照）。でき上がり。

カーネーション　｜　Photo P.10

正面
高さ約13cm

後ろ

◎**材料**　ハマナカ エコクラフト [5m巻]
赤（31）、抹茶（37）、パステルピンク（16）、マロン（14）各1巻
粘土適宜

◎**用具**　30ページ参照

◎**用意する幅と本数**

	色	幅	長さと本数	
①花弁a	赤	12本幅	2.5cm × 7	×5輪
花弁b	赤	12本幅	3cm × 6	
花弁c	赤	12本幅	3.5cm × 7	
花弁d	赤	12本幅	3.5cm × 8	
②つぼみの花弁	赤	12本幅	2.5cm × 3	×3輪
③茎	抹茶	10本幅	12cm × 1	×8輪
④がく	抹茶	12本幅	2cm × 3	×5輪
つぼみのがく	抹茶	12本幅	2cm × 2	×3輪
⑤葉（小）	抹茶	6本幅	3.5cm × 2	×8輪
葉（中）	抹茶	6本幅	5cm × 2	×8輪
葉（大）	抹茶	6本幅	6cm × 2	×8輪
⑥鉢底	パステルピンク	4本幅	230cm × 1	
⑦鉢側面	パステルピンク	8本幅	250cm × 1	
⑧化粧砂	マロン	12本幅	約30cm	

※①〜⑤ひもは1輪分の本数。花は5輪分、つぼみは3輪分用意する。

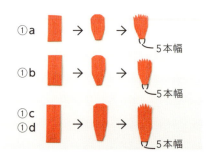

1 ①ひもa〜dをすべて花びらの形にカットし、さらに先端をギザギザに細かくカットする。

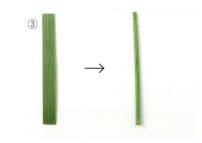

2 ③ひもは丸めながらボンドで貼り、茎を作る。

3 ①ひもaの1枚を半分に折り、茎の上部にボンドで貼る。残りの6枚の①ひもaの根元にボンドをつけ、1枚ずつ巻きつけるように貼る。

4 全部貼ったところ。

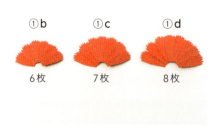

5 ①ひもはb〜dごとにそれぞれ、根元を少しずつ重ねてボンドで放射状に貼る。

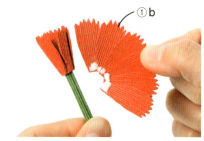

6 4のまわりに①ひもb、cを順に、花弁の先端をそろえて巻くようにボンドで貼る。

7 ①ひもdは、花弁の先端をやや下げて貼る。

8 ①ひもa〜dをすべて貼ったところ。

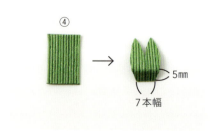

9 ④ひもをがくの形にすべてカットし、下端を5mm折る。

10 がくを1輪につき、3枚ずつボンドでつける。

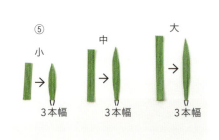

11 ⑤ひもはそれぞれ葉の形にカットする。

12 葉を上から小、中、大の順に、葉2枚を向かい合わせにして貼る。

13　上の葉と葉の向きを互い違いに貼っていく。

14　ボンドが乾いたら、手で花弁を少しずつ広げる。1～14と同様に花を全部で5輪作る。

15　つぼみを作る。②ひも3枚は1と同様にカットする。③茎1本、④がく2枚、⑤葉は小中大を各2枚用意する。

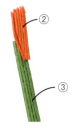

16　②ひも1枚を半分に折り、茎の上部にボンドで貼る。

17　残りの2枚の②ひもを巻きつけるように貼り、がく2枚を貼る。

18　葉を上から小、中、大の順に、葉2枚を向かい合わせにして貼る。15～18と同様につぼみを全部で3輪作る。

19　鉢を作る。⑥ひもを二つ折りにし、折り山からくるくる巻いていく。巻き始めだけボンドでとめておく。

20　巻き終わりをボンドでとめ、片面にボンドを塗り込んで乾かす（この面が鉢底の内側）。

21　⑦ひもを底面の縁に下端を合わせて1周ボンドで貼る。

22　2周目からはボンドをつけずに⑦ひもがなくなるまで巻き、巻き終わりは4～5cmボンドでとめる。

23　⑦ひもをずらしながら持ち上げて鉢の形にし、最後の3周はひもをずらさないで縁に厚みをもたせる。P.37の38・39を参照してボンドを塗り、粘土を入れる。

24　花5輪、つぼみ3輪をバランスよく配置して粘土に差し込む。P.37の41を参照して⑧ひもで化粧砂を作り、表面を覆う。でき上がり。

四つ目の箱 | Photo P.11

大
18.5cm×13cm
高さ5.5cm

小
13.5cm×13.5cm
高さ5.5cm

◎材料　ハマナカ エコクラフト [5m巻]
　　大　パステルピンク (16) 2巻
　　小　さくら (27) 1巻
◎用具　30ページ参照

◎用意する幅と本数

	色		幅	大 長さと本数	小 長さと本数
①横ひも	大 パステルピンク	小 さくら	6本幅	25cm×13	25cm×9
②縦ひも	大 パステルピンク	小 さくら	6本幅	32cm×9	25cm×9
③編みひも	大 パステルピンク	小 さくら	6本幅	65cm×2	55cm×2
④縁ひも	大 パステルピンク	小 さくら	12本幅	64cm×2	54cm×2
⑤縁補強ひも	大 パステルピンク	小 さくら	2本幅	63cm×1	53cm×1
⑥飾りひも	大 パステルピンク	小 さくら	1本幅	120cm×6	110cm×6

※ 小で解説をしています。大は指定の長さと本数で同様に作ります。

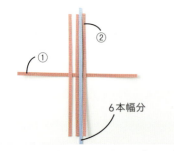

1 P.38の1〜4を参照して、6本幅分（約7mm）の間隔をあけて、①ひも（大は13本、小は9本）と②ひも（大小ともに9本）で四つ目に組む。

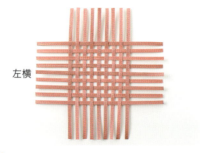

2 軽く霧吹きをして、ひもとひもとの間隔を整える。

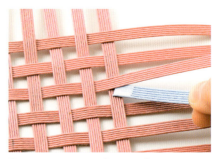

3 上下と左右の端の①ひもと②ひもの重なり部分をボンドでとめる。

4 底から出ているひもをすべて内側に折り曲げて立ち上げる（底は裏返さずに、そのまま立ち上げる）。以降、立ち上げたひもをすべて縦ひもとする。

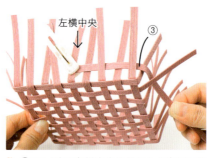

5 ③ひも1本を左横中央の縦ひもの裏側に洗濯バサミでとめ（ボンドではとめない）、縦ひもに対して交互になるように1段編む。

6 編み終わりは編み始めの1本右隣の縦ひもの前で、ひもをカットする。

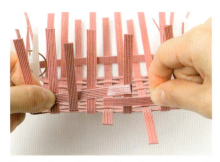

7 編み終わり側のひも端にボンドをつけて貼り合わせる。

8 貼ったところ。編みひものつなぎ目が表側からも裏側からも見えず、きれいに仕上がる。

9 2本目の③ひもを1段目と縦ひも1本ずらしたところに洗濯バサミでとめ（ボンドではとめない）、同様に2段目を編む。

10 2段編んだところ。

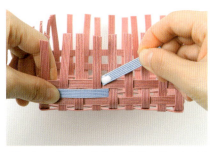

11 底と1段目、1段目と2段目の③ひもの間隔が6本幅分（約7mm）になるように整え（**大も小も同じ**）、③ひもと縦ひもをところどころボンドで貼る。

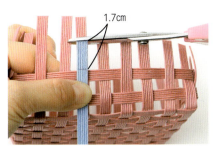

12 残った縦ひもを2段目の③ひもの上端から1.7cm残して（**大も小も同じ**）切りそろえる。余ったひもを定規がわりに当てるとよい。

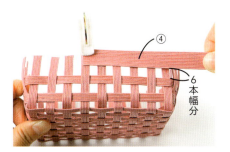

13 ④ひもを左横中央の縦ひもから1周貼る。このとき、2段目の③ひもの上端から6本幅分（約7mm）間隔をあける。

14 貼り終わりは1cm重なるように余分をカットし、ボンドで貼り合わせる。

15 ⑤ひもにボンドをつけ、④ひもの上端に合わせて裏側に1周貼る。

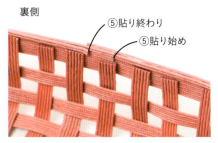

16 ⑤ひもは④ひもの貼り終わりまで貼ったら、余分をカットする。縁がすべて2重になり、厚みが均一になる。

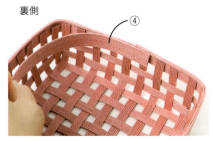

17 もう1本の④ひもにボンドをつけ、⑤縁ひもの上端に合わせて裏側に1周貼る。

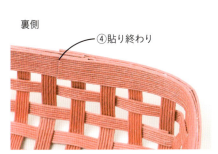

18 貼り終わりは1cm重なるように余分をカットし、ボンドで貼り合わせる。

19 ⑥ひも1本を2段目の③ひもと④ひもの間の縦ひもの裏側にボンドでとめる。角からスタートする。

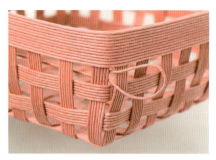

20 小さなループを作り、19で⑥ひもを出したところと同じところに、ひも端を入れる。

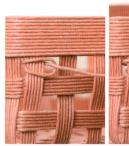

21 1本右の縦ひもの横からループに通して外側に出し、引きしめる。続けて小さなループを作り、ひもを出したところと同じところにひも端を入れる。

22 1本右の縦ひもの横からループに通して外側に出し、引きしめる。

23 21・22をくり返して、くさり模様を作る。

24 ⑥ひもがなくなったら、裏側でつぎ足す。大も小も1周につき、⑥ひもを2本使う。

25 1周したら、⑥ひもの余分をカットして裏側でボンドでとめる。

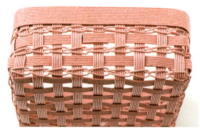

26 ③ひもの1段目と2段目、底と1段目の間にも⑥ひもでくさり模様を入れる。

27 でき上がり。

ニスについて

エコクラフトの作品が完成したら、ニスを塗ると光沢が増して耐水性がアップします。ニスには、刷毛で塗るリキッドタイプと、無色透明のスプレータイプがあります。どちらもニスを塗った後は、充分に乾かしてから使いましょう。

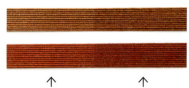

↑ニスを塗る前　　↑ニスを塗った後

左　ハマナカ
　　水性アクリルニス
　　（H204-548）

右　ハマナカ
　　透明アクリルニス・
　　スプレータイプ
　　（H204-577）

豆雛 | Photo P.12

19cm×12cm、高さ8cm

◎材料　ハマナカ エコクラフト [5m巻]
ベージュ (1)、黒 (6)、赤 (31)、
わさび (36)、パステルピンク (16) 各適宜
直径16mmのウッドビーズ（木玉でもよい）2個
段ボール 10cm×5.5cm、厚さ6mm
◎用具　30ページ参照

◎用意する幅と本数

豆雛	女雛	男雛	幅	長さと本数
	色			
①着物	赤	わさび	6本幅	107cm × 1
②袖	赤	わさび	12本幅	2.5cm × 2
③裾と袖の縁	ベージュ	黒	1本幅	25cm × 1
④襟	ベージュ	黒	2本幅	1cm × 2
⑤手と首元	パステルピンク		4本幅	4cm × 2
⑥髪	黒		12本幅	15cm × 2
⑦冠	パステルピンク		12本幅	0.8cm × 1
⑧烏帽子 a		ベージュ	2本幅	9cm × 1
烏帽子 b		ベージュ	6本幅	2cm × 1
⑨扇	ベージュ		12本幅	2.5cm × 1
扇の飾り	わさび		1本幅	10cm × 1
⑩笏		ベージュ	5本幅	2.7cm × 1
⑪台座	黒		12本幅	11cm × 8
⑫縁	黒		6本幅	33cm × 1
⑬飾り	ベージュ		1本幅	33cm × 1

ぼんぼり		色	幅	豆雛 長さと本数	立ち雛
①本体		パステルピンク	6本幅	43cm × 2	43cm × 2
②上縁		黒	2本幅	9cm × 2	9cm × 2
③縦線		黒	1本幅	30cm × 1	30cm × 1
④支柱		黒	2本幅	5cm × 6	7cm × 6
⑤下縁		黒	4本幅	5cm × 5	5cm × 5
⑥台		黒	3本幅	50cm × 2	50cm × 2

屏風		色	幅	豆雛	立ち雛
⑦縦ひも		ベージュ	12本幅	7.5cm × 12	11cm × 14
⑧横ひも		ベージュ	12本幅	9.5cm × 10	11cm × 14
⑨屏風の縁		黒	8本幅	52cm × 1	67cm × 1
⑩つなぎひも		黒	8本幅	7.5cm × 1	11cm × 1

敷物	豆雛	立ち雛	幅	豆雛	立ち雛
⑪敷物（表）	赤	黒	12本幅	19cm × 8	22cm × 8
⑫敷物（裏）	ベージュ	ベージュ	12本幅	12cm × 13	12cm × 15
⑬縁ひも	赤	黒	10本幅	63cm × 1	70cm × 1
⑭縁飾りひも		ザクロ	1本幅		70cm × 1

1　女雛の着物を作る。①ひもをくるくる巻き、巻き終わりは4〜5cmボンドでとめる。ひもをずらして持ち上げて形を作り、内側にボンドを塗り込んで乾かす（P.32参照）。

2　ウッドビーズは穴が大きい場合は穴に余ったエコクラフトを丸めて詰めておく（表面積を大きくして着物と接着しやすくするため）。

3　2のウッドビーズにボンドをつけて1の着物にしっかりとつける。

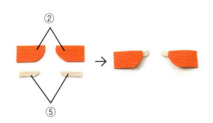

4　②ひもに型紙（P.102参照）を当てて袖の形にカットする。⑤ひもから手先を切り出し（⑤ひもを2㎝×2にカットし、2枚の先端を手の形にカットする）、両袖の裏側に貼る。

5　着物に袖と手を貼る。

6　着物の裾と袖の縁に③ひもを貼る（③ひもは必要な長さにカットして使う）。④ひもを貼って襟元を作り、⑤ひもの残りをカットして首元に貼る。

7　男雛も指定の色で同様に作る。

8　ウッドビーズの頭がしっかりと接着したら、⑥ひもを必要な幅と長さにカットして髪の毛を作る。まず顔の正面に貼る。

9　次に後ろの髪を貼る。女雛は髪を長くする。

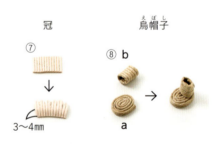

10　サイドのすき間を埋める。

11　最後に前髪を作る。女雛の髪のでき上がり。男雛も14・15の写真を参照して同じ要領で髪を作る。

12　冠は⑦ひもの根元を3〜4㎜折り、2本ずつ切り込みを入れ、先端を山形にカットする。烏帽子は⑧ひもaを楕円にくるくる巻いてボンドでとめ、⑧ひもbを折り畳んでaの上に貼る。

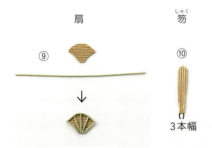

13　扇は⑨ひも（ベージュ）に型紙（P.102参照）を当ててカットし、⑨ひも（わさび）を必要な長さにカットして飾りを貼りつける。笏は⑩ひもを笏の形にカットする。

14　男雛の頭に12の烏帽子、女雛の頭には冠をのせてボンドで貼る。

15　男雛に笏、女雛に扇を持たせるように貼りつける。豆雛のでき上がり。

台座

16 台紙を作る。段ボールを横幅10cm、奥行き5.5cmにカットする。厚紙の場合は同様にカットし、数枚重ねて貼って厚さ6mmにする。

17 ⑫ひもにボンドをつけて段ボールの側面に貼る。⑫ひもの貼り終わりは突き合わせにし、ひもが余ったらカットする。

18 ⑬ひもを⑫ひもの上に1周貼る。

19 台紙の表面に⑪ひもを4枚並べて貼る。

20 両側のはみ出している⑪ひもをカットする。

21 台紙の裏面にも⑪ひも4枚を並べて貼り、はみ出しをカットする。台座のでき上がり。

ぼんぼり

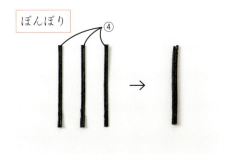  

22 支柱を作る。④ひも3枚を重ねて貼り合わせる。

23 ①ひもをくるくる巻き(巻き始めは支柱が通るくらいのすき間をあける。すき間は大きくなりすぎないように注意)、巻き終わりは4～5cmボンドでとめる。ひもをずらして形を作り、内側にボンドを塗り込んで乾かす(P.32参照)。

24 23の縁に②ひもを貼り、側面に③ひもを5本貼る(③ひもは必要な長さにカットして使う)。

25 22の支柱の先にボンドをつけてぼんぼりをとりつける。

26 ⑥ひもを23と同様にくるくる巻いてボンドでとめる(巻き始めは支柱が通るくらいのすき間をあける)。ひもを少しずらしてこんもりとさせ、内側にボンドを塗り込んで乾かす。

27 ぼんぼりの下部に⑤ひもを支柱に巻きつけながら貼る。支柱の下端にボンドをつけて26の台の中心に差し込む。ぼんぼりのでき上がり。同じものをもう1個作る。

屏風

  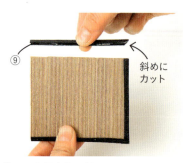

28 ⑦ひも1枚に⑧ひもを横向きに豆雛は5枚、立ち雛は7枚貼る（P.31参照）。

29 裏返して⑦ひもを縦向きに豆雛は計6枚、立ち雛は計7枚貼り、はみ出ている部分をハサミまたはカッターでカットする。こちらが表側。同じものをもう1枚作る。

30 ⑨ひもを幅半分に折り、屏風の縁をくるむように貼る。右側の屏風は右端と上下の縁に、左側の屏風は左端と上下の縁に貼る。⑨ひもは必要な長さにカットして使い、上下のひもは片端を斜めにカットしてから貼り、額縁状にする。

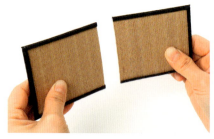  

31 左側と右側の屏風の中央部を角度をつけてボンドで貼る。

32 裏側中央部に⑩ひもを貼ってつなぐ。

33 屏風のでき上がり。

敷物

  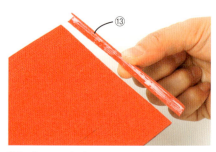

34 表側に⑪ひも8枚を横向きに、裏側に⑫ひもを豆雛は13枚、立ち雛は15枚縦向きに貼り、2重のシートを作る（P.31参照）。

35 はみ出ている部分をハサミまたはカッターでカットする。

36 ⑬ひもを幅半分に折り、敷物の縁の左右にくるむように貼る。⑬ひもは必要な長さにカットして使う。

37 上下の縁は⑬ひもの端を斜めにカットしてから貼る。

38 上下を貼ったところ。額縁状になる。

39 でき上がり。立ち雛の敷物は縁ひもの内側に⑭ひもを貼る（P.61の29参照）。

立ち雛 | Photo P.13

◎**材料** ハマナカ エコクラフト［5m巻］ ザクロ（35）、
つゆ草（28）、パステルピンク（16）、黒（6）、ベージュ（1）各1巻
直径16mmのウッドビーズ（木玉でもよい）2個
◎**用具** 30ページ参照

◎**用意する幅と本数**
※ぼんぼり、屏風、敷物の用意する幅と本数はP.55参照

立ち雛	女雛	男雛	幅	長さと本数
	色		幅	長さと本数
①横ひも	ザクロ	つゆ草	8本幅	20cm×1
②縦ひも	ザクロ	つゆ草	2本幅	14cm×5
③編みひも	ザクロ	つゆ草	1本幅	210cm×4
④差しひも	ザクロ	つゆ草	2本幅	7cm×4
⑤編みひも	ザクロ	つゆ草	1本幅	90cm×2
⑥配色ひも	パステルピンク	パステルピンク	1本幅	165cm×1
⑦髪		黒	12本幅	16cm×2
⑧烏帽子a		黒	2本幅	16cm×1
烏帽子b		黒	5本幅	3.5cm×1
烏帽子c		黒	2本幅	2.5cm×1
烏帽子あごひも		黒	1本幅	20cm×1
⑨笏		ベージュ	4本幅	3.5cm×1
⑩扇	ベージュ		12本幅	4.2cm×1
扇の飾り	パステルピンク		1本幅	13cm×1
⑪手	パステルピンク	パステルピンク	3本幅	2cm×4
⑫冠	ベージュ		6本幅	1cm×1
⑬女雛の髪結び	ザクロ		1本幅	15cm×1

22cm×12cm、高さ11cm

※ぼんぼり、屏風、敷物の作り方は57・58ページ参照

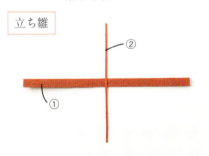

1 女雛を作る。①ひもの上に②ひもの中央を合わせてのせ、直角になるようにボンドで貼り合わせる。

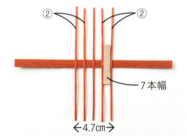

2 1本目の②ひもの左右に、7本幅分（約8mm）の間隔をあけて、②ひもを2本ずつ貼る。余ったひもを7本幅にして、定規がわりに当てるとよい。

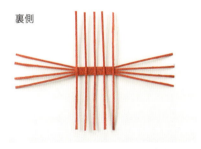

3 ①ひもを2本幅に割く。この面が裏側。

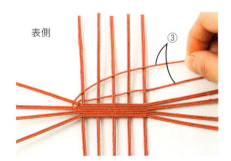

4 表側に返し、③ひも2本を左横の①ひもの2本目と3本目の裏側に貼り、編み目が互い違いになるように追いかけ編み（P.33参照）を編む。

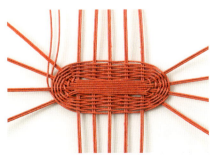

5 追いかけ編みで10周編んだら③ひもを休める。

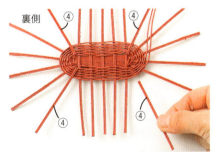

6 裏返し、四隅に④ひもを貼る。

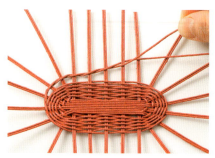

7 表側に戻し、休めておいた③ひも2本でねじり編み（P.33参照）を1周する。

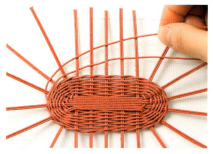

8 続けて追いかけ編みを20周編む。途中でひもがなくなったら、つぎ足して編む。編み終わりは③ひもの余分をカットし、ボンドで裏側にとめる。

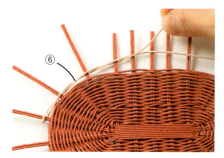

9 ⑥ひもを半分に折り、折り山を左横の2本目の①ひもにかけ、ねじり編みを2周編む。編み終わりは⑥ひもの余分をカットし、ボンドで裏側にとめる。

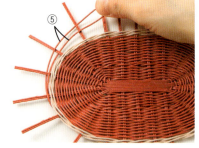

10 ⑤ひも2本を左横の3本目と4本目の①ひもの裏側に貼り、追いかけ編みを4周編む。

11 編み終わりは⑤ひもの余分をカットし、ボンドで裏側にとめる。長径約14cm、短径約10cmの楕円形ができる。

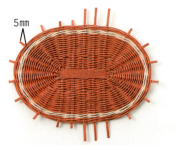

12 真ん中の②ひもと右隣の2本の②ひもは残し、それ以外の①、②、④ひもは5mm残してカットする。

13 カットしたひもをは最終段の編み目をくるむように表裏に折り、ボンドをつけて編み目に差し込む。

14 楕円を折りたたむように横半分に折る。

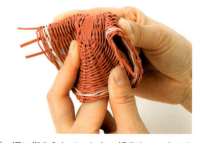

15 裾に指を入れて、わきの部分をへこませるように形作る。

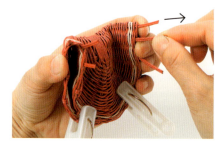

16 形作ったら、残しておいた②ひもを引いて編み目を詰め、5mm残してカットする。編み目をくるむように表裏に折り、ボンドをつけて編み目に差し込む。

17 男雛も指定の色で同様に作る。裾を開いて、立つように安定させる。

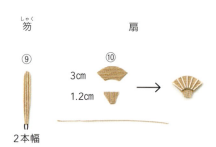

18 ⑨ひもを笏の形にカットする。⑩ひも（ベージュ）を3cmと1.2cmに分けてから型紙（P.102参照）を当てて扇の形にカットし、⑩ひも（パステルピンク）を必要な長さにカットして飾りを貼りつける。

19 ⑪ひも2枚の先端を手の形にカットする。

20 男雛に笏、女雛に扇を持たせるように手にボンドで貼りつけ、袖の内側にとめる。P.55の2を参照してウッドビーズをボンドでしっかりとつける。

21 P.56の8〜11を参照し、⑦ひもを必要な幅と長さにカットして髪の毛を作る。

22 後ろから見たところ。男雛も27・28の写真を参照して同じ要領で髪を作る。

23 ⑫ひもの上端をジグザグにカットして冠を作る。⑬ひもを結んで髪結びを作り、ひも端をカットする。

24 女雛の頭頂部に⑦ひもを2本幅、長さ4cmにカットして巻いて貼る。冠をのせ、髪結びを後ろ髪に貼る。

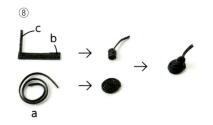

25 ⑧ひもaを巻いて楕円形（長径1.6cm、短径1.3cm）を作ってとめる。⑧ひもbを横において、端に⑧ひもcを貼ってくるくる巻き、楕円の上にのせて烏帽子を作る。

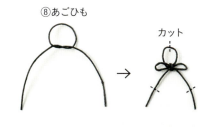

26 ⑧あごひもは輪に余裕をもって結び、あとで輪をカットする。目打ちの柄など棒状のものに蝶結びをするとよい。

27 26でカットした側のひもを男雛のあごから頭にかけて貼り、烏帽子をのせてとりつける。

28 後ろから見たところ。

29 P.55の材料とP.57・58の22〜39を参照して、ぼんぼり、屏風、敷物を作る。

30 でき上がり。

ほおずき | Photo P.14

正面
高さ約18cm

後ろ

◎**材料** ハマナカ エコクラフト [5m巻]
　オレンジ (30)、わさび (36)、モスグリーン (12)、チョコレート (15) 各1巻
　粘土適宜
◎**用具** 30ページ参照

◎**用意する幅と本数**

	色	幅	長さと本数	
①実ベース	オレンジ	12本幅	2.5cm×14	(7個分)
実ベース	わさび	12本幅	2.5cm×4	(2個分)
②実	オレンジ	12本幅	3.5cm×35	(7個分)
実	わさび	12本幅	3.2cm×10	(2個分)
③果柄	モスグリーン	3本幅	5cm×18	(9個分)
④葉(大)	モスグリーン	12本幅	4.5cm×24	(12枚分)
葉(小)	モスグリーン	12本幅	3cm×9	(9枚分)
⑤葉柄(大)	モスグリーン	4本幅	7.5cm×12	(12枚分)
葉柄(小)	モスグリーン	3本幅	5cm×9	(9枚分)
⑥茎	モスグリーン	9本幅	18cm×3	(3本分)
⑦鉢底	チョコレート	4本幅	230cm×1	
⑧鉢側面	チョコレート	8本幅	260cm×1	
⑨化粧砂	わさび	12本幅	約30cm	

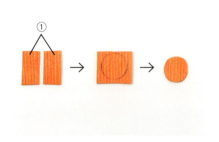

1 ①ひも2枚をボンドで突き合わせに貼って24本幅にし、1円玉の大きさにカットする。全部でオレンジ7個、わさび2個の実ベースを作る。

2 ②ひもに型紙(P.103参照)を当ててカットし(実1個につき5片)、根元部分を内側に曲げる。

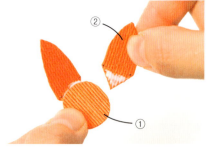

3 カットした②ひもの折り曲げた部分にボンドをつけ、実ベースの外側に放射状に貼る。

4 5片貼ったところ。この面が内側になる。

5 外側から中心に目打ちで穴をあける。

6 5片をつぼめ、隣同士の縁(へり)にボンドをつけて貼り合わせる。ペンチを使ってつまむようにしっかり貼る。

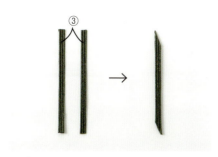

7 ③ひもは2枚ずつ重ねて貼り合わせ、果柄を作る。両端を斜めにカットする。計9個作る。

8 果柄の先端にボンドをつけ、5で目打ちであけた穴にねじ込み、果柄を少しカーブさせる。全部でオレンジ7個、わさび2個作る。

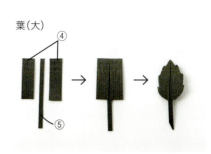

9 葉（大）を作る。④ひも（大）2枚を並べ、裏側に⑤ひも（大）1枚を貼る（上側は突き合わせにし、下側は間隔をあけて貼る）。葉の形にカットし、葉柄の下端を斜めにカットする。計12枚作る。

10 葉（小）は、④ひも（小）を葉の形に、葉柄の両端を斜めにカットして貼り合わせる。計9枚作る。

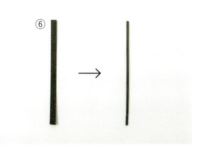

11 ⑥ひもにボンドにつけて巻いて茎を作る。計3本作る。

12 茎の先端を斜めにカットし、上部に小の葉3枚をボンドで貼る。

13 大の葉と実をバランスよく貼りつける。

14 小の葉3枚、大の葉4枚、実3個（オレンジ2個、わさび1個）を貼ったところ。

15 残りの2本も小の葉、大の葉、実をバランスよく茎につける。葉の枚数は3本とも同じ。実の数と色を3本で差をつけるとよい。

16 鉢を作る。P.51の19・20を参照し、⑦ひもを二つ折りにし、くるくる巻いていく。片面にボンドを塗り込んで乾かす。

17 P.51の21〜23を参照して⑧ひもを貼り、ひもをずらしながら持ち上げて鉢の形にする。P.37の38・39を参照してボンドを塗り、粘土を入れる。

18 3本をバランスよく配置して粘土に差し込む。P.37の41を参照して⑨ひもで化粧砂を作り、表面を覆う。でき上がり。

かぶと飾り | Photo P.15

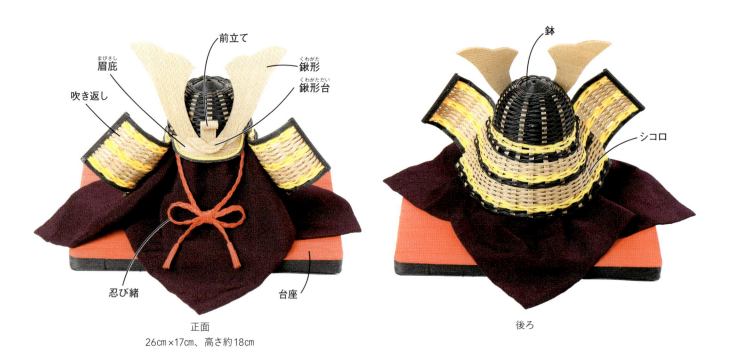

正面
26cm×17cm、高さ約18cm

後ろ

◎**材料**　ハマナカ エコクラフト [5m巻]　黒 (6) 3巻　ベージュ (1)、黄 (8)、赤 (31) 各1巻
　　　　　34cm×34cmのふくさ
　　　　　段ボール 適宜
◎**用具**　30ページ参照

◎**用意する幅と本数**

鉢とシコロ

	色	幅	長さと本数
①頭頂部	黒	6本幅	70cm × 1
②縦ひも (正面)	ベージュ	4本幅	8cm × 3
③縦ひも (側面)	ベージュ	4本幅	16cm × 8
④編みひも	黒	1本幅	95cm × 1
⑤編みひも	黒	2本幅	500cm × 1
⑥差しひも	ベージュ	4本幅	11cm × 7
⑦編みひも	黄	2本幅	120cm × 3
⑧編みひも	黒	2本幅	120cm × 3
⑨編みひも	ベージュ	2本幅	120cm × 1
⑩編みひも	ベージュ	2本幅	220cm × 1

吹き返し

⑪横縁ひも	黒	8本幅	8cm × 4
⑫縦のひも	ベージュ	4本幅	6.5cm×12
⑬編みひも	黄	2本幅	38cm × 6
⑭編みひも	ベージュ	2本幅	60cm × 4
⑮縦縁ひも	黒	10本幅	6.5cm × 2

眉庇

⑯眉庇	ベージュ	12本幅	8cm × 2
⑰眉庇の縁	黒	1本幅	11cm × 2
⑱眉庇の縁	黄	1本幅	11cm × 2

鍬形

	色	幅	長さと本数
⑲鍬形 (表)	ベージュ	12本幅	12cm × 8
⑳鍬形 (裏)	ベージュ	12本幅	6cm ×16

鍬形台

㉑鍬形台	ベージュ	12本幅	4cm × 1
㉒鍬形台の縁	ベージュ	1本幅	6cm × 2

前立て

㉓前立て	ベージュ	12本幅	4cm × 1

忍び緒

㉔忍び緒	赤	2本幅	30cm × 6
㉕忍び緒 (巻き)	赤	2本幅	11cm × 1
㉖忍び緒 (房)	赤	12本幅	2.5cm × 2

芯木

㉗軸	黒	12本幅	12cm × 4
㉘下部	黒	8本幅	300cm × 1
㉙上部	黒	8本幅	200cm × 1

台座

㉚台座 (表)	赤	12本幅	26cm ×12
㉛台座 (裏)	黒	12本幅	26cm ×12
㉜縁	黒	12本幅	89cm × 1

鉢とシコロ

1 頭頂部を作る。①ひもを中心に直径5mmの穴を作ってボンドでとめ、くるくる巻く。巻き終わりは4〜5cmボンドでとめる（直径約3cm）。ひもを1本幅分ずらして持ち上げ、内側にボンドを塗り込んで乾かす（P.32参照）。

2 ②ひもと③ひもの端を5mm下向きに折り、ボンドをつけて1のまわりに等間隔（約3mm間隔）に貼る。正面側に②ひも、横側と後ろ側に③ひもを貼る。②、③ひもは巻きぐせを利用してカーブをつけて貼る。

3 ②、③ひもを全部貼ったところ。

 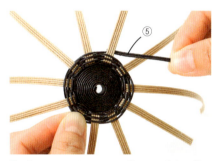 

4 ④ひもを後ろ側の③ひもの裏側に貼り、編み目が交互になるように編む。

5 ④ひもで7周編んだら、③ひもの裏側で⑤ひもとボンドでつなぐ。

6 ⑤ひもでお椀形になるように22段編む。

7 22段編んだところ（サイズの目安は22段目が1周約27cm）。

8 正面側の②ひも3本は最終段の編み目をくるむように内外に折り、ボンドをつけて編み目に差し込む。⑥ひものひも端にボンドをつけ、③ひもと③ひもの間に計7本、内側に貼りつける。

9 ⑦ひもを半分に折り、左端の③ひもにかける。

10 下側の⑦ひもを隣のひもにかけ、ねじり編み（P.33参照）を編む。

11 ねじり編みで右端の③ひもまで編む。

12 右端まで編んだら上側の⑦ひもを手前に折り返し、下側の⑦ひもを1本目と2本目の③ひもの間から手前に出す。

13 上側の⑦ひもを2本目の縦ひもにかける。

14 下側の⑦ひもを隣の縦ひもにかけ、同様にねじり編みで編んでいく。

15 左端まで編んだら（1往復）、編み終わりは⑦ひもの余分をカットしてボンドで裏側にとめる。

16 ⑧ひもを半分に折って左端の③ひもにかけ、9～15と同様にねじり編みで1往復する。⑨ひもの端を5㎜折って裏側にボンドをつけ、左端の③ひもにつける。

17 編み目が交互になるように、引き返しながら5段編む。編み終わりは⑨ひもの余分をカットしてボンドで裏側にとめる。

18 同様に⑦、⑧ひもで順にねじり編みを1往復、⑩ひもで引き返しながら8段、⑦、⑧ひもでねじり編みを1往復、少しずつ広げながら編む。編み終わりはひもの余分をカットしてボンドで裏側にとめる。

19 編み目を詰めてから残った③ひもを長さ2㎝残してカットし、すべて内側に折る。折り曲げた③ひもの根元にボンドをつけて編み目に差し込む。

20 鉢とシコロができたところ（シコロの下端の長さ約27㎝）。

吹き返し

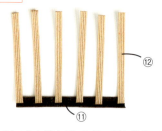

21 ⑪ひも1本を横向きにおき、幅を半分に折る。⑫ひもの端5㎜にボンドをつけ、⑪ひもの上幅半分に6本を等間隔でとりつける。⑪ひもの残りの下半分でくるむように貼る。

22 ⑬ひもを半分に折って左端の⑫ひもにかけ、ねじり編みを編む。

23 右端まで編んだら12～15を参照してねじり編みで1往復編む。

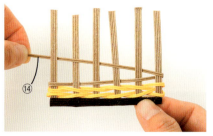

24 ⑭ひもの端を5㎜折って裏側にボンドをつけ、左端の⑫ひもにつける。編み目が交互になるように、引き返しながら7段編む。編み終わりは⑭ひもの余分をカットしてボンドで裏側にとめる。

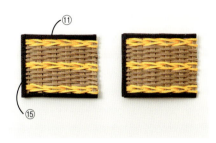

25　同様に⑬ひもで順にねじり編みを1往復、⑭ひもで引き返しながら7段、⑬ひもでねじり編みを1往復編む。編み終わりはひもの余分をカットしてボンドで裏側にとめる。

26　編み目を詰めてから、⑫ひもを3mm残してカットする。

27　⑪ひもでカットしたひも端をくるむように貼る。片側（編み始め側）を⑮ひもでくるむように縦に貼る。同じものをもう1つ作る。

28　吹き返しを手で曲げて少しカーブをつける。

29　縁ひもを貼っていない側にボンドをつけ、シコロの両端の内側にバランスよくつける。

眉庇

30　⑯ひも2枚を3本幅分重ねて貼り合わせる。型紙（P.103参照）を当てて眉庇の形にカットする。

31　眉庇の下縁に、⑰ひもを2本並べてボンドで貼る。

32　さらにその内側に⑱ひも2本を並べて貼る。

33　眉庇を鉢正面の下部にボンドでつける。

鍬形

34　表側に⑲ひも4枚を縦向きに、裏側に⑳ひも8枚を横向きに貼り、2重のシートを2枚作る（P.31参照）。型紙（P.103参照）を当てて、左右対称になるように鍬形の形にカットする。

鍬形台

35　㉑ひもを横向きにして型紙（P.103参照）を当てて鍬形台の形にカットする。下縁に㉒ひもを2本並べて貼る。

前立て

36　前立てを作る。㉓ひもの上端をひと巻きしてボンドでとめ、下側を山形にカットする。

37 眉庇の上部に鍬形を貼り、前立てを正面に取りつけ、鍬形台を鍬形の下部に貼る。

忍び緒

38 ㉔ひも3本で三つ編みを編む。計2本作る。

39 ㉖ひもを7mm残して1本幅に割り、ボンドをつけて三つ編みの先に巻きつける。

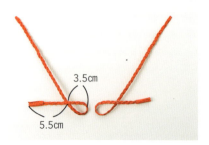

40 三つ編みひもで輪を作ってボンドでとめる。もう1つも左右対称に輪を作ってとめる。

41 2組を組み合わせて中心をボンドでとめ、真ん中を㉕ひもで巻く。㉕ひもの巻き終わりは、余分をカットして裏側にボンドでとめる。

42 鉢の内側にボンドで取りつける。

芯木

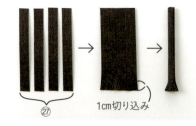

43 ㉗ひも4枚を2mm重ねて貼り合わせる。下端に1cmに切り込み（3本幅くらい）を入れ、巻いて軸を作る。

44 ㉘、㉙ひもをくるくる巻き（巻き始めは軸が通るくらいのすき間をあける）、巻き終わりは4〜5cmボンドでとめる。ひもをずらして形を作り、内側にボンドを塗り込んで乾かす。

45 軸の両端にボンドをつけ、44の台の穴に通す。軸の下端は台の裏側で切り込み部分を広げてボンドでとめる。

台座

46 段ボールを横幅26cm、奥行き17cmにカットして、数枚重ねて貼り、厚さ1.5cmにする。P.57の17〜21を参照して、㉚、㉛、㉜ひもで台座を作る。

47 各パーツができ上がったところ。ふくさも用意する（台座は黒いほうの面を使ってもよい）。

48 台座の上に芯木をおき、ふくさをかぶせてかぶとをのせる。でき上がり。

七夕飾り | Photo P.16

高さ約22cm

◎材料　ハマナカ エコクラフト [5m巻]
　　　抹茶 (37)、モスグリーン (12)、チョコレート (15)、
　　　赤 (31)、白 (2)、黄 (8)、ピンク (9) 各1巻
　　　粘土適宜
◎用具　30ページ参照

◎用意する幅と本数

	色	幅	長さと本数	
①竹 (太)	抹茶	12本幅	6cm × 8	a〜d
②竹 (細)	抹茶	2本幅	10cm × 10	(2×5本)
③葉	モスグリーン	6本幅	3cm × 63	(3枚×21本)
④葉柄	抹茶	3本幅	6cm × 21	
⑤鉢底	チョコレート	4本幅	250cm × 1	
⑥鉢側面	チョコレート	8本幅	130cm × 1	
⑦飾り (くさり)	赤、白、黄、ピンク	4本幅	4.5cm × 各2〜6	
⑧飾り (提灯)	赤、ピンク	4本幅	2.5cm × 各7	
飾り (提灯)	赤、ピンク	4本幅	6cm × 2	
⑨飾り (吹き流し)	黄	8本幅	4cm × 2	(1×2個)
飾り (吹き流し)	ピンク、黄、白	4本幅	3cm × 各4	(2×2個)
⑩飾り (短冊)	白、ピンク	6本幅	3cm × 各2〜3	
⑪つりひも	白	1本幅	40cm × 1	

竹

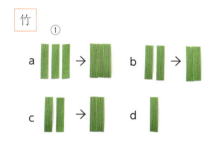

1 竹を作る。①ひもは**a**を3枚、**b**と**c**は2枚ずつ2mm重ねて貼る。**d**は1枚のまま。

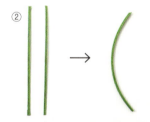

2 ②ひもを2枚ずつ重ねて貼ってカーブさせ、細竹を作る。計5本作る。

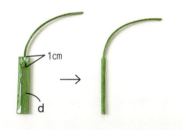

3 2の細竹1本の下端1cmのところに、**d**を巻きつけるようにボンドで貼る。

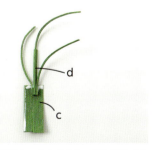

4 3の**d**の下端1cmのところに、2の細竹2本をとりつけ、**c**を巻きつけるようにボンドで貼る。

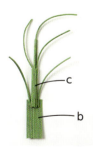

5 同様に**c**の下端1cmのところに細竹2本を取りつけ、**b**を巻きつけるようにボンドで貼る。

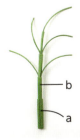

6 同様に**b**の下端1cmのところに、**a**を巻きつけるようにボンドで貼る。

7 ③ひもを葉の形にカットする。

8 ④ひもの先端から2.5cmを1本幅に割き、先を斜めにカットする。両側の2本は5mm短くし、葉を3枚ずつボンドで貼る。計21本作る。

9 細竹に葉を貼る。一番上の細竹に5本、その他の細竹に各4本が目安。

10 全部貼ったところ。

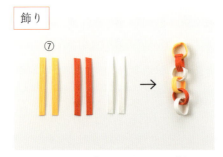

11 飾りを作る。⑦ひもを輪につなぎ合わせ、くさりを作る。全部で3個。

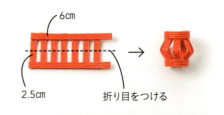

12 ⑧ひもの6cm 2枚を横にして上下に置き、その上に2.5cm 7枚を縦にして間隔をあけて並べて貼り、表に返す。中心に折り目をつけて輪にし、提灯を作る。全部で2個。

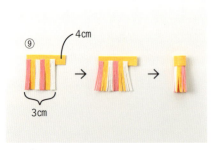

13 ⑨ひもの4cmの黄色を横におき、3cmのピンク、黄、白各2枚を縦に並べて貼り、1本幅に割く。輪にして吹き流しを作る。全部で2個。

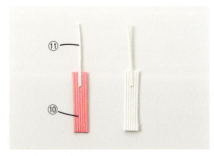

14 ⑩ひもに⑪つりひもを3〜4cmにカットしてとりつけ、短冊を作る。全部で4〜5枚。

15 鉢を作る。P.51の19・20を参照し、⑤ひもを二つ折りにし、くるくる巻いて片面にボンドを塗る。P.74の16・17を参照し、⑥ひもで鉢を作る。P.37の38・39を参照してボンドを塗り、粘土を入れる。

16 竹を粘土に差し込む。

17 飾りをバランスよくつける。提灯と吹き流しにも⑪つりひもを3〜4cmにカットしてとりつけ、竹と葉につける。

18 でき上がり。

ランチョンマットとコースター　Photo P.17

35cm×28cm

A　B　C

11cm×11cm

◎**材料**　ハマナカ エコクラフト［5m巻］
　ランチョンマット　モスグリーン（12）、グレー（20）各2巻
　コースター　A　こはく（32）、クリーム（10）各1巻
　　　　　　　　B　パステルブルー（18）、白（2）各1巻
　　　　　　　　C　黄（8）、白（2）各1巻

◎**用具**　30ページ参照

◎**用意する幅と本数**

ランチョンマット

	色	幅	長さと本数	
①仮止めひも	何色でもよい	4本幅	39cm × 2	
②縦ひも	モスグリーン	4本幅	29cm ×56	(28×2)
③縦ひも	グレー	4本幅	29cm ×54	(27×2)
④かがりひも	モスグリーン	1本幅	120cm × 4	

コースター

	色			幅	長さと本数	
①仮止めひも	何色でもよい			4本幅	14cm × 2	
②縦ひも	A こはく	B パステルブルー	C 黄	4本幅	12cm ×18	(9×2)
③縦ひも	A クリーム	B 白	C 白	4本幅	12cm ×16	(8×2)
④かがりひも	A こはく	B パステルブルー	C 白	1本幅	32cm × 3	

●**ランチョンマット**

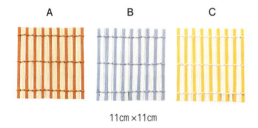

1　①ひも、②ひも、③ひもを全部2枚ずつ重ねて貼り合わせておく。

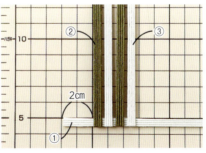

2　①ひもを横向きにおき、端から2cmのところから②ひもと③ひもを1mm強間隔をあけて交互に貼る。下に方眼紙や方眼マットなどを敷いて直角になるように貼るとよい。

3　②、③ひもを全部貼ったところ。

4　表に返し、かがる位置に、鉛筆で線を引く（写真5参照）。

5　線を引く位置。

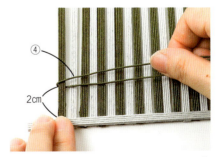

6　④ひもを半分に折り、線を引いた左端の②ひもにかける。

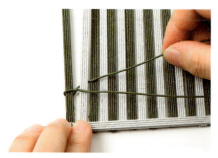

7 下側の④ひもを隣のひもにかけ、ねじり編み（P.33参照）を編む。

8 ②、③ひもの間があかないように気をつけ、②、③ひもが曲がらないように形を整えながら編む。

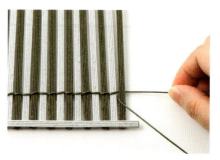

9 右端まで編む。

10 ④ひもの余分をカットし、ボンドで裏側にとめる。

11 裏側から見たところ。

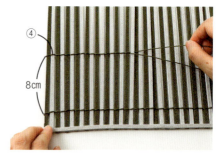

12 2本目の④ひもで、線を引いた位置に同様にねじり編みを編み、編み終わりは余分をカットして裏側にとめる。

13 残りの④ひもで、線を引いた位置にねじり編みを編む。

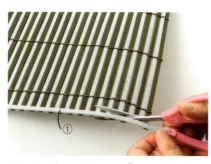

14 ねじり編みを終えたら、①ひもを切り落とす。

15 ②、③ひもの上端も切りそろえる。

●コースター

16 ランチョンマットのでき上がり。

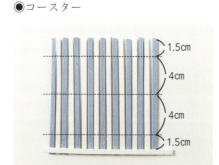

17 コースターもランチョンマットと同様に作る。線を引く位置は写真参照。

18 コースターのでき上がり。

りんどう | Photo P.18

正面
高さ約20cm

後ろ

◎**材料** ハマナカ エコクラフト [5m巻]
つゆ草 (28)、クリーム (10)、抹茶 (37)、ベージュ (1) 各1巻
粘土適宜
◎**用具** 30ページ参照

◎**用意する幅と本数**

	色	幅	長さと本数	
①花弁	つゆ草	12本幅	3.5cm × 75	(5弁×3輪×5)
②つぼみの花弁	つゆ草	10本幅	3cm × 60	(5弁×2輪×6)
③花心	クリーム	6本幅	2cm × 27	(花15、つぼみ12)
④花軸	抹茶	2本幅	5cm × 27	(花15、つぼみ12)
⑤がく	抹茶	12本幅	2.5cm × 27	(花15、つぼみ12)
⑥葉	抹茶	12本幅	4cm〜5.5cm × 51	
⑦茎	抹茶	8本幅	18cm × 5	
⑧鉢底	クリーム	4本幅	350cm × 1	
⑨鉢側面	クリーム	8本幅	220cm × 1	
⑩化粧砂	ベージュ	12本幅	約30cm	

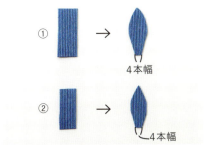

1 ①ひも、②ひもをすべて花びらの形にカットする。

2 ①ひも5枚の根元を少しずつ重ねてボンドで放射状に貼る。

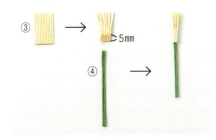

3 ③ひもの根元を5mm残して切り込みを入れる。
④ひもの先端に巻きつけるように貼り、花軸を作る。

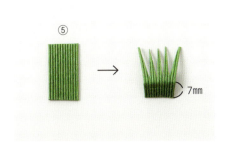

4 ⑤ひもをがくの形にカットし、下端を7mm折る。

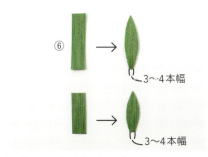

5 ⑥ひもを葉の形にカットするが、4cm〜5.5cmで大きさの異なる葉を作る。

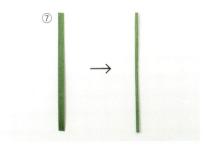

6 ⑦ひもにボンドをつけて巻いて茎を作る。
計5本作る。

7 　3の花軸まわりに2の花弁を巻くようにボンドで貼る。

8 　がくを花弁の下端から5mm下げて貼る。

9 　ボンドが乾いたら、手で花弁の先端を少しずつ広げる。咲き具合に変化をつけるとよい。花は3輪で1組にする。

10 　つぼみは、②5枚、③花心、④花軸、⑤がくで同様に作るが、手で花びらの先端を内側に向ける。つぼみは2輪で1組にする。

11 　6の茎に花3輪をまとめて貼る。

12 　そのまわりに大きめの葉5枚を少し重ねながら貼る。

13 　つぼみ2輪を貼り、そのまわりに中～小の葉3枚を少し重ねながら貼る。

14 　計5本作るが、つぼみの数と葉を5本で差をつけるとよい。茎の長さもカットして差をつける。

15 　鉢を作る。P.51の19・20を参照し、⑧ひもを二つ折りにし、くるくる巻いていく。片面にボンドを塗り込んで乾かす。

16 　⑨ひもを底面の縁に下端を合わせて1周ボンドで貼るが、貼り始めの5cmはボンドをつけずに残しておく。2周目からはひもを内側にずらしながら貼る。

17 　最後の3周はひもをずらさないで縁に厚みをもたせる。残しておいた貼り始めの5cmもボンドでとめる。P.37の38・39を参照して内側にボンドを塗り、粘土を入れる。

18 　5本をバランスよく配置して粘土に差し込む。P.37の41を参照して⑩ひもで化粧砂を作り、表面を覆う。でき上がり。

四つ目のかごとススキ ｜ Photo P.19

◎**材料** ハマナカ エコクラフト [5m巻]
　四つ目のかご チョコレート (15) 2巻
　ススキ ベージュ (1)、モスグリーン (12)、クリーム (10) 各1巻
◎**用具** 30ページ参照

◎用意する幅と本数

四つ目かご

	色	幅	長さと本数
①横ひも	チョコレート	8本幅	31cm×11
②縦ひも	チョコレート	8本幅	31cm×11
③編みひも	チョコレート	2本幅	500cm×2
④編みひも	チョコレート	2本幅	350cm×3
⑤底補強ひも	チョコレート	12本幅	23cm×2
⑥内縁ひも	チョコレート	4本幅	100cm×3

※④ひもは5m巻から裁つ場合、途中でひもをつないで編む。

ススキ

	色	幅	長さと本数
①穂a	ベージュ	12本幅	18cm×1
穂b	ベージュ	6本幅	18cm×1
穂c	ベージュ	4本幅	18cm×3
②茎a	モスグリーン	12本幅	25cm×1
茎b	モスグリーン	8本幅	4cm×1
③葉	モスグリーン	6本幅	100cm×1
④種子	クリーム	6本幅	5cm×1

20cm×21cm
深さ約5cm

長さ約33cm

●**四つ目のかご**

1　P.38の1～4を参照して、4本幅分（約5mm）の間隔をあけて、①ひも11本と②ひも11本で四つ目に組む。

2　軽く霧吹きをして、ひもとひもとの間隔を整える。上下と左右の端の①ひもと②ひもの重なり部分をボンドでとめる。

3　底から出ているひもをすべて内側に折り曲げて立ち上げ、底を反らせる（底は裏返さずに、そのまま立ち上げる）。以降、立ち上げたひもをすべて縦ひもとする。

4　③ひも2本を左横中央の縦ひもとその1本隣の縦ひもの裏側にボンドでとめる。

5　2本の編み目が交互になるように追いかけ編み（P.33参照）を編む。

6　底面を反らせながら追いかけ編みで12段編み、四隅を脚のようにする。

7 ⑤ひもの端を底の角に合うようにカットし、ボンドをつけて対角線に貼る。

8 底にぴったりとつくように、底を反らせながらボンドを乾かす。

9 もう1枚の⑤ひもも同様に、反対側の対角線に貼る。

10 P.33「3本なわ編み」を参照して、④ひも3本を左横の縦ひもの裏側に貼り、縦ひも1本分ずつずらして出す。

11 3本なわ編みで編む。

12 3本なわ編みで4周編んだら、④ひもの余分をカットし、ボンドで裏側にとめる。

13 側面の編み目を詰め、2.5cm残してカットする。残った縦ひもをすべて内側に折り、折り曲げた縦ひもの根元にボンドをつけて側面の編み目に差し込む。

14 ⑥ひもを1本幅に割り、4本1組にして三つ編みを編む。

15 三つ編みを編んだところ。ほどけないように端はボンドでとめておく。

16 三つ編みの端をカットし、三つ編みの幅の半分が表側から見えるように、縁の内側にボンドで貼る。

17 最後は1cm重なるように余分をカットし、ボンドで貼り合わせる。

18 でき上がり。

●ススキ

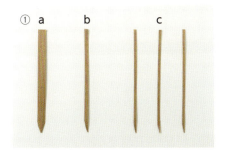  

1 ①ひもaの下側を山形にカットする。①ひもb、cは斜めにカットする。

2 ①ひもa、b、cとも下端から2.5cm残して1本幅に割く。

3 ①ひもbに①ひもc3本を5mm上にずらして貼る。

 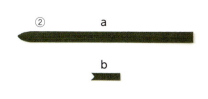 

4 ①ひもbの根元をくるむように①ひもaを5mm下にずらして貼り、穂を作る。

5 ②ひもaの先を山形にカットする。②ひもbの先をV字にカットする。

6 ②ひもbを穂の下部に巻くように貼る。②ひもaを②ひもbよりも少し上に、穂の下端をくるむように貼り、残りの部分を棒状に丸めて貼り合わせる。

  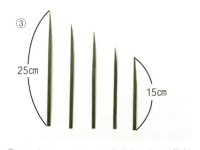

7 茎を貼ったところ。

8 穂の長さ1本1本に少し長短をつけながら、先端を斜めにカットする。

9 ③ひもを15cm～25cmに長さをかえて5枚切り出し、先端を斜めにカットする。

10 茎のまわりに葉をバランスよく貼る。

11 P.92の14・15を参照して、④ひもを細かく粉状にカットして種子を作る。穂にボンドをつけて種子をつける。

12 でき上がり。

ハロウィンの小物入れ | Photo P.20

大
入れ口 直径約10cm
高さ10cm

小
入れ口 直径約7.5cm
高さ7cm

◎材料
　ハマナカ エコクラフト [5m巻]
　　大　オレンジ (30) 2巻　黒 (6) 1巻　小　オレンジ (30)、黒 (6) 各1巻
　ハマナカ エコクラフト [30m巻]
　　大、小　からし (124) 各1巻
◎用具　30ページ参照

◎用意する幅と本数

	色	幅	大 長さと本数	小 長さと本数
①本体底ひも	オレンジ	6本幅	200cm × 1	100cm × 1
②縦ひも	からし	3本幅	16cm × 19	12cm × 15
③編みひも	オレンジ	1本幅	300cm × 1	170cm × 1
④編みひも	オレンジ	2本幅	300cm × 6	495cm × 2
⑤縁ひも	オレンジ	2本幅	40cm × 1	30cm × 1
⑥ふた底ひも	オレンジ	6本幅	200cm × 1	100cm × 1
⑦ふた縦ひも	からし	3本幅	9cm × 19	7cm × 15
⑧ふた編みひも	オレンジ	1本幅	300cm × 1	180cm × 1
⑨ふた編みひも	オレンジ	2本幅	290cm × 2	330cm × 1
⑩ふた縁ひも	オレンジ	2本幅	45cm × 1	33cm × 1
⑪へた	からし	3本幅	60cm × 1	35cm × 1
⑫目鼻口	黒	12本幅	15cm × 1	
目鼻口	黒	8本幅		11cm × 1

※ 大で解説をしています。小は指定の長さと本数で同様に作ります。

1　本体を作る。①ひもをくるくる巻き、巻き終わりは4～5cmボンドでとめる。片面にボンドを塗り込んで乾かす（この面を内側にする）。

2　②ひもの端を4mm折り、ボンドをつけて1のまわりに等間隔（大は約5mm間隔、小は約4mm間隔）に貼る。②ひもはひもの巻きぐせを利用してカーブをつけて貼る。

3　大は19本、小は15本を貼る。

4　③ひもを②ひもの裏側に貼り、編み目が交互になるように編む。

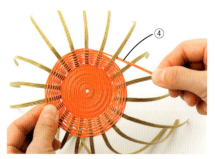

5　③ひもで中心部を少しへこませながら（写真8参照）大は14周、小は10周編んだら、②ひもの裏側で④ひもとボンドでつなぐ。

6　④ひもの編み始めの5段は広げるように編み、その後②ひもをゆるく立ち上げて、かぼちゃ形になるように大は46段、小は34段編む。途中でひもがなくなったら、つぎ足して編む。

7 大を46段編んだところ（サイズの目安は**大**の22段目が1周約43cm、46段目が1周約32.5cm／**小**の18段目が1周約32cm、34段目が約26cm）。④ひもは休めておく。

8 底から見たところ。

9 P.82の8・9を参照し、④ひもの編み終わりに⑤ひもを加え、④ひもと⑤ひもでねじり編み（P.33参照）を1周編む。

10 編み終わりは、④、⑤ひもの余分をカットしてボンドで裏側にとめる（サイズの目安は入れ口の直径**大**約10cm／**小**7.5cm）。

11 編み目を詰めてから残った②ひもをすべて内側に折る。ふたと合わせてから②ひもは編み目に差し込むので、ここではまだ入れないでおく。

12 ふたを作る。⑥ひもをくるくる巻き、巻き終わりは4〜5cmボンドでとめる。ひもを1本幅分ずらして持ち上げ、内側にボンドを塗り込んで乾かす（P.32参照）。

13 ⑦ひもの端を4mm折り、ボンドをつけて**12**のまわりに等間隔（**大**は約5mm間隔、**小**は約4mm間隔）に**大**は19本、**小**は15本貼る。⑦ひもはひもの巻きぐせを利用してカーブをつけて貼る。

14 ⑧ひもを⑦ひもの裏側に貼り、中心を少しへこませながら編む。

15 ⑧ひもで**大**は14周、**小**は10周編んだら、⑨ひもを⑦ひもの裏側でつなぐ。

16 ⑨ひもの編み始めの5段は広げるように編む。

17 その後⑦ひもをゆるく立ち上げて、お椀形になるように**大**は16段、**小**は13段編む（サイズの目安は**大**の16段目が1周約39cm／**小**の13段目が1周約32cm）。

18 ⑨ひもの編み終わりに⑩ひもを加え、⑨、⑩ひもでねじり編みを1周編む。編み終わりは、⑨、⑩ひもの余分をカットしてボンドで裏側にとめる（サイズの目安は入れ口の直径**大**約12cm／**小**9cm）。

19 編み目を詰めてから、残った⑦ひもを2cm残してカットしてすべて内側に折る。折り曲げた⑦ひもの根元にボンドをつけて編み目に差し込む。

20 本体とふたを合わせてみる。合わなかったら、本体の上部をほどき、編み直してふたに合うように調整する。

21 本体の折り曲げた②ひもを長さ2cm残してカットし、根元にボンドをつけて編み目に差し込む。

22 本体とふたができたところ。

23 へたを作る。⑪ひもをくるくる巻き、巻き終わりは4〜5cmボンドでとめる。中心部をずらしてへたの形を作り、内側にボンドを塗り込んで乾かす。

24 ⑫ひもに型紙（P.103参照）を当てて、目、鼻、口の形にそれぞれカットする。

25 カットしたところ。

26 へたをふたに、目、鼻、口を本体の正面にボンドで貼る。大のでき上がり。

27 小も指定の長さと本数で同様に作る。

粘土について

この本では、花などの鉢の中に粘土を入れて安定させています。
粘土には油粘土、紙粘土、樹脂粘土など主成分によっていろいろな種類があります。どんな種類の粘土でも構いませんが、この本では、伸びがよくて扱いやすい油粘土を使いました。油粘土は硬くならないので、くり返し使えるのが特徴。ただし、粘土の油分がエコクラフトにしみ込みやすいので、鉢の内側にはボンドをしっかり塗って乾かしてから入れましょう。

りんごの小物入れ | Photo P.21

入れ口 直径約9cm、高さ11cm

◎材料　ハマナカ エコクラフト [5m巻]
　A ザクロ (35)、マロン (14)、わさび (36) 各1巻
　B 茜色 (26)、マロン (14)、わさび (36) 各1巻
　C 抹茶 (37)、マロン (14)、わさび (36) 各1巻
◎用具　30ページ参照

◎用意する幅と本数

	色			幅	長さと本数
①本体底ひも	A ザクロ	B 茜色	C 抹茶	6本幅	80cm × 1
②縦ひも	A ザクロ	B 茜色	C 抹茶	4本幅	13cm × 15
③編みひも	A ザクロ	B 茜色	C 抹茶	1本幅	85cm × 1
④編みひも	A ザクロ	B 茜色	C 抹茶	2本幅	500cm × 2
⑤縁ひも	A ザクロ	B 茜色	C 抹茶	2本幅	40cm × 1
⑥ふた底ひも	A ザクロ	B 茜色	C 抹茶	6本幅	80cm × 1
⑦ふた縦ひも	A ザクロ	B 茜色	C 抹茶	4本幅	9cm × 15
⑧ふた編みひも	A ザクロ	B 茜色	C 抹茶	1本幅	85cm × 1
⑨ふた編みひも	A ザクロ	B 茜色	C 抹茶	2本幅	285cm × 2
⑩ふた縁ひも	A ザクロ	B 茜色	C 抹茶	2本幅	45cm × 1
⑪へた (軸)	A マロン	B マロン	C マロン	4本幅	7cm × 2
⑫へた (上部)	A マロン	B マロン	C マロン	5本幅	12cm × 1
⑬葉	A わさび	B わさび	C わさび	2本幅	16cm × 2
⑭葉脈	A わさび	B わさび	C わさび	2本幅	30cm × 2

1 本体を作る。①ひもをくるくる巻き、巻き終わりは4〜5cmボンドでとめる。中心を少しへこませ、盛り上がっている側 (この面を内側にする) にボンドを塗り込んで乾かす。

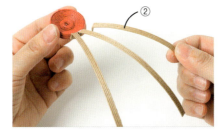

2 ②ひもの端を4mm折り、ボンドをつけて1のまわりに等間隔 (約2mm間隔) に貼る。②ひもはひもの巻きぐせを利用してカーブをつけて貼る。

3 ②ひも15本を全部貼ったら、裏返してゆるやかに立ち上げる。

4 ③ひもを②ひもの裏側に貼り、編み目が交互になるように編む。

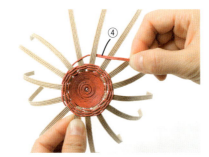

5 ③ひもで6周編んだら、②ひもの裏側で④ひもとボンドでつなぐ。

6 ④ひもでお椀形になるように36段編む。途中でひもがなくなったら、つぎ足して編む。

7 36段編んだところ（サイズの目安は18段目が1周約30cm、36段目が1周約29cm）。④ひもは休めておく。

8 ④ひもの編み終わりに、⑤ひもを裏側に貼る。

9 ④ひもと加えた⑤ひもでねじり編み（P.33参照）を編む。

10 ねじり編みで1周編んだら、編み終わりは④、⑤ひもの余分をカットしてボンドで裏側にとめる（サイズの目安は入れ口の直径約9cm）。

11 編み目を詰めてから、残った②ひもをすべて内側に折る。ふたと合わせてから②ひもは編み目に差し込むので、ここではまだ入れないでおく。

12 ふたを作る。⑥ひもを中心に直径4mmの穴を作ってボンドでとめ、くるくる巻く。巻き終わりは4〜5cmボンドでとめる。中心を少しへこませ、盛り上がっている側（この面を内側にする）にボンドを塗り込んで乾かす。

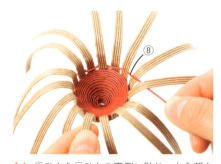

13 ⑦ひもの端を4mm折り、ボンドをつけて12のまわりに等間隔（約2mm間隔）に15本貼る。⑦ひもはひもの巻きぐせを利用してカーブをつけて貼る。

14 ⑧ひもを⑦ひもの裏側に貼り、中心部をへこませながら6周編む。

15 ⑧ひもで6周編んだら、⑨ひもを⑦ひもの裏側でつなぎ、⑦ひもをゆるく立ち上げる。

16 ⑨ひもで21段編む。途中でひもがなくなったら、つぎ足して編む。

17 21段編んだところ（サイズの目安は21段目が1周約33cm）。⑨ひもは休めておく。

18 8・9を参照し、⑨ひもの編み終わりに⑩ひもを加え、⑨ひもと⑩ひもでねじり編みを1周編む。編み終わりは、⑨、⑩ひもの余分をカットしてボンドで裏側にとめる（サイズの目安は入れ口の直径約10.5cm）。

19　編み目を詰めてから、残った⑦ひもを2cm残してカットしてすべて内側に折る。折り曲げた⑦ひもの根元にボンドをつけて編み目に差し込む。

20　本体とふたを合わせてみる。合わなかったら、本体の上部をほどき、編み直してふたに合うように調整する。

21　本体の折り曲げた②ひもを長さ2cm残してカットし、根元にボンドをつけて編み目に差し込む。

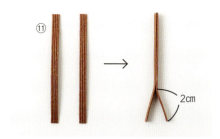

22　へたを作る。⑪ひも2本を貼り合わせるが、下端2cmは貼らないでおく。

23　⑫ひもを三つ折りにしてボンドで貼り、両端を斜めにカットする。⑪ひもの先端を1.5cm直角に曲げて⑫ひもに貼る。

24　葉を作る。⑬ひも2枚を葉の形にしながら重ねて貼り合わせる。

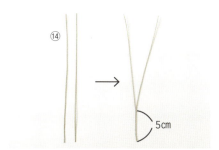

25　⑭ひも2枚の下端を5cm貼り合わせる。

26　⑬ひものひも端と⑭ひもの下端をボンドで貼り合わせ、⑭ひもで左右に葉脈を作る。

27　⑭ひもは葉脈の形を作りながら曲げ、ところどころボンドで固定する。

28　へたの裏に葉をボンドで貼り、軸をふたの中央に通す。

29　ふたの裏側で軸の下端を広げてボンドで貼りつける。

30　でき上がり。

ポインセチア | Photo P.22

正面
高さ約20cm

後ろ

◎材料 ハマナカ エコクラフト [5m巻]
赤(31)、黄(8)、わさび(36)、モスグリーン(12) 各1巻
粘土適宜

◎用具 30ページ参照

◎用意する幅と本数

	色	幅	長さと本数	
①中心の花	赤	2本幅	4cm × 12	(4×3)
中心の花	黄	2本幅	4cm × 12	(4×3)
中心の花	わさび	12本幅	0.8cm × 24	
②苞(小)	赤	12本幅	4cm × 18	(3枚×3輪)
苞(中)	赤	12本幅	5cm × 18	(3枚×3輪)
苞(大)	赤	12本幅	5.5cm × 36	(6枚×3輪)
苞(柄)	赤	4本幅	8cm × 36	
③葉(小)	モスグリーン	12本幅	6cm × 12	(2枚×3輪)
葉(大)	モスグリーン	12本幅	7cm × 34	(5枚×2輪、7枚×1輪)
葉(柄)	モスグリーン	4本幅	12cm × 23	
④茎	モスグリーン	12本幅	21cm × 3	
⑤鉢底	わさび	4本幅	300cm × 1	
⑥鉢側面	わさび	8本幅	460cm × 1	
⑦化粧砂	わさび	12本幅	約30cm	

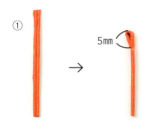

1 中心の花を作る。①ひも(赤)の先端を5mm折ってボンドでとめる。

2 1のまわりを①ひも(わさび)で巻く。

3 ①ひも(黄)も同様に先端を5mm折って①ひも(わさび)で巻く。中心の花は1輪につき赤と黄各4個。

4 中心の花の赤4個と黄4個の根元をまとめてボンドでとめる。④ひもの先端に1cmの切り込みを入れ、中心の花をボンドで貼る。

5 ④ひもにボンドをつけて巻き、茎を作る。計3本作る。

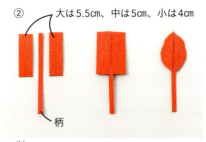

6 苞を作る。②ひも(小、中、大)はそれぞれの寸法の②ひもを2枚並べ、裏側に②ひも(柄)を1枚貼る(上側は突き合わせにし、下側は間隔をあけて貼る)。苞の形にカットする。

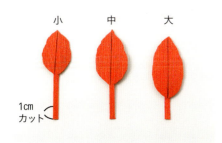

7 苞は小9枚、中9枚、大18枚作る。小は柄の下端を1cmカットする。

8 ③ひもは苞と同様に貼り合わせ、葉の形にカットする。

9 葉は小を6枚、大は17枚作る。柄の下端を斜めにカットする。

10 5の茎に苞の小3枚をバランスよく貼る。

11 さらに中3枚、大6枚を順にバランスよくボンドで貼る。

12 苞を全部貼ったら、苞の先を手で反らせる。同様に全部で3輪作る。

13 茎1本に、葉を小2枚、大5枚、上からバランスよくボンドで貼る。

14 葉を全部貼ったところ。

15 13の葉の枚数で2輪作り（写真左）、もう1輪は葉を小2枚、大7枚貼る（写真右）。

16 鉢を作る。P.51の19・20を参照し、⑤ひもを二つ折りにし、くるくる巻いていく。片面にボンドを塗り込んで乾かす。

17 P.51の21〜23を参照して⑥ひもを貼り、ひもをずらしながら持ち上げて鉢の形にする。P.37の38・39を参照してボンドを塗り、粘土を入れる。

18 3本をバランスよく配置して粘土に差し込む。P.37の41を参照して⑦ひもで化粧砂を作り、表面を覆う。でき上がり。

クリスマスブーツ | Photo P.23

◎**材料** ハマナカ エコクラフト [5m巻]
　　　赤 (31) 2巻
　　　白 (2)、モスグリーン (12)、ターコイズグリーン (33)、黄 (8) 各1巻
◎**用具** 30ページ参照

◎**用意する幅と本数**

	色	幅	長さと本数
①横ひも	赤	12本幅	38cm × 1
②縦ひも	赤	4本幅	34cm × 3
③底編みひも	赤	1本幅	270cm × 2
④差しひも	赤	4本幅	34cm × 4
⑤編みひも	赤	2本幅	390cm × 2
⑥編みひも	赤	2本幅	200cm × 1
⑦補強ひも	赤	12本幅	9cm × 2
⑧編みひも	白	2本幅	130cm × 3
⑨内縁ひも	赤	12本幅	22cm × 1
⑩内縁ひも	赤	8本幅	22cm × 1
⑪ヒイラギの葉	モスグリーン	12本幅	3cm × 3
⑫ヒイラギの実	赤	2本幅	5cm × 3
⑬ステッキ	白	4本幅	20cm × 4
⑭ステッキの巻きひも	赤	3本幅	40cm × 1
⑮プレゼントa	ターコイズグリーン	12本幅	13cm × 8
⑯プレゼントaの上下	ターコイズグリーン	6本幅	60cm × 2
⑰プレゼントaのリボン	黄	2本幅	28cm × 1
⑱プレゼントb	黄	12本幅	14cm × 5
⑲プレゼントbの底	黄	3本幅	24cm × 1
⑳プレゼントbの結びひも	モスグリーン	2本幅	7cm × 1

足底9.5cm
深さ11cm

1 ①ひもの上に②ひもの中央を合わせてのせ、直角になるようにボンドで貼り合わせる。

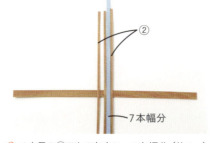

2 1本目の②ひもの左右に、7本幅分（約8mm）の間隔をあけて、②ひもを1本ずつ貼る。余ったひもを7本幅にして、定規がわりに当てるとよい。

3 ①ひもを4本幅に割く。この面が底の内側。

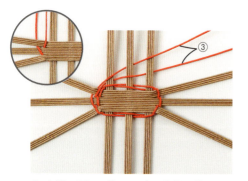

4 表側に返し、③ひも2本を左横の①ひもの2本目と3本目の裏側に貼り、編み目が互い違いになるように追いかけ編み（P.33参照）を編む。

5 追いかけ編みで14周編んだら③ひもを休める。

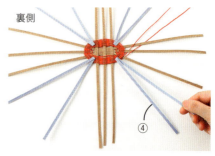

6 裏返し、四隅に④ひもをV字に半分に折って貼る。

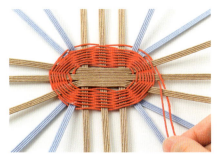

7 表側に戻し、休めておいた③ひもで④ひものところにも一緒に追いかけ編みをする。

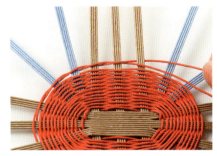

8 追いかけ編みを10周編んだら、ねじり編み（P.33参照）を1周編む。編み終わりは③ひもの余分をカットし、ボンドで裏側にとめる。長径約9.5㎝、短径約7㎝の楕円形ができる。

9 裏返し、底から出ているひもをすべて内側に立ち上げる。以降、立ち上げたひもをすべて縦ひもとする。

10 ⑤ひも1本を左横中央の縦ひもの裏側にボンドで貼る。

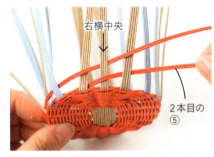

11 右横まで半周編んだら、もう1本の⑤ひもを右横中央の1本左の縦ひもの裏側に貼る。

12 スタート位置を半周ずらして、2本の編み目が交互になるように追いかけ編みを8段編む。

13 片方の⑤ひもで右端の①ひものところまできたら引き返す。もう片方の⑤ひもは休めておく。

14 左端の①ひもまで編んだら引き返す。

15 以降、縦ひも1本ずつ目を増やしながら編む。

16 計12段（折り返し6回）編むが、縦ひもをゆるやかに内側に倒し、中心に寄せながら編んでブーツのつま先の丸みを出しながら編む。⑤ひもは休めておく。

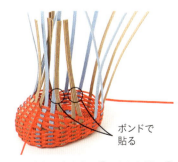

17 縦ひものうち、真ん中の②ひもと右隣の②ひもを重ねてボンドで貼る。さらに左端の②ひもとその左隣の④ひもを重ねて貼る。ひもは先に向かって貼るが、上端から3㎝は貼らずにおく。

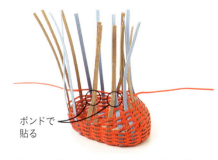

18 反対側も真ん中の②ひもと左隣の②ひもを重ねて貼る。さらに右端の②ひもとその右隣の④ひもを重ねて貼る。20本の縦ひもが16本になる。

19 休めておいた⑤ひも2本で追いかけ編みを編む。

20 17・18で重ねて貼ったひものところは、縦ひも1本分として編む。

21 ブーツの形を整えながら21段編む。途中片方の⑤ひもがなくなったら、縦ひもの裏側で⑥ひもとつないで編む。

22 短い方の⑤ひもは正面（つま先側）でひもの余分をカットして裏側にとめる。

23 つないだ⑥ひもの残りで、重ねて貼った縦ひもの右側のところまで編んだら引き返す。

24 反対側の重ねて貼った縦ひもの左側のところまで編んだら引き返す。

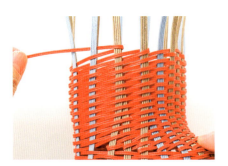

25 以降、縦ひも1本ずつ目を減らしながら編む。

26 計8段（折り返し4回）編む。かかと側に引き返し編みを入れることで、ブーツの高さがそろう。

27 編み終わりはかかと側で⑥ひもの余分をカットしてボンドで裏側にとめる。

28 ブーツ下部の引き返し編みの引き返し部分のすき間をふさぐように、⑦ひもを裏側に貼る。

29 P.33「3本なわ編み」を参照して、⑧ひも3本をかかと側の①ひもの裏側に貼り、縦ひも1本分ずつずらして出す。

30 3本なわ編みで5周編む。

88

31　編み終わりは⑧ひもの余分をカットし、ボンドで裏側にとめる。

32　17・18で貼り合わせた縦ひもは内側のひもを根元でカットする。

33　側面の編み目を詰め、残った縦ひもを6mm残してカットする。縦ひもをすべて内側に折り、ボンドをつけて貼る。

34　ブーツの縁の内側に⑨ひもを貼る。貼り終わりは貼り始めと0.5cm重ねる。

35　⑨ひもの下に、さらに⑩ひもを並べて貼る。

ヒイラギ

36　P.100の9〜12を参照し、⑪、⑫ひもでヒイラギを作る。

ステッキ

プレゼントa

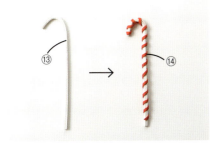

37　⑬ひもを4枚重ねて貼り合わせ、先端を曲げる。⑭ひもの端にボンドをつけてステッキに貼り、巻いていく。

38　⑮ひも8枚を2mm重ねて貼り合わせる。

39　全部貼ったところ。

40　⑯ひもの端を2cm折り、ボンドをつけてくるくる巻いて楕円を作る。

41　片面にボンドを塗り込んで乾かす。同じものをもう1個作る。

42　39のシートの上下にボンドをつけて41の楕円をおき、巻きつける。シートの端も重ねて貼る。

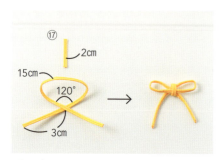

プレゼント b

43 プレゼントaのリボンを作る。⑰ひもを15cm、2cm、11cm（あとで巻くひも）に切り分け、P.100の6〜8を参照し、15cmと2cmのひもでリボンを作る。

44 ⑱ひも5枚を2mm重ねて貼り合わせる。⑲ひもの端を1cm折ってからくるくる巻いて楕円を作り、片面にボンドを塗り込んで乾かす。

45 シートの下端にボンドをつけて楕円をおき、巻きつける（片側のみ）。シートの端も重ねて貼る。

46 シートの上端（楕円のないほう）を畳み、⑳ひもで結んでボンドでとめる。

47 残しておいた⑰ひも11cmをプレゼントaに巻きつけ、リボンをボンドでとめる。プレゼントa、bのでき上がり。

48 ヒイラギをブーツに差し込んで内側でボンドでとめ、ステッキとプレゼントを入れる。でき上がり。

クリスマスツリー | Photo P.24

◎材料　ハマナカ エコクラフト [5m巻]
モスグリーン（12）、チョコレート（15）、白（2）、黄（8）、赤（31）、ターコイズグリーン（33）各1巻
◎用具　30ページ参照

高さ約21cm

◎用意する幅と本数

	色	幅	長さと本数	
①枝葉（1層目、2層目）	モスグリーン	12本幅	8cm × 18	(9×2個)
②枝葉（3層目、4層目）	モスグリーン	12本幅	7cm × 18	(9×2個)
③枝葉（5層目、6層目）	モスグリーン	12本幅	6cm × 18	(9×2個)
④枝葉（7層目）	モスグリーン	12本幅	5cm × 9	(1個)
⑤枝葉（8層目）	モスグリーン	12本幅	5cm × 6	(1個)
⑥幹	チョコレート	12本幅	13cm × 4	
⑦台	チョコレート	8本幅	300cm × 1	
⑧雪	白	12本幅	20cm × 1	
⑨星	黄	12本幅	2cm × 3	
⑩星の支柱	黄	3本幅	2cm × 1	
⑪星のとりつけひも	モスグリーン	6本幅	3cm × 1	
⑫ベル	黄	4本幅	22cm × 6	(6個)
⑬ベルのつりひも	白	1本幅	5cm × 6	
⑭玉飾り	赤	3本幅	13cm × 18	(2×9個)
⑮玉飾り	チョコレート	3本幅	13cm × 10	(2×5個)
⑯ステッキ	白	2本幅	13cm × 5	(5個)
⑰ステッキの巻きひも	赤	1本幅	16cm × 5	
⑱リボン	ターコイズグリーン	2本幅	12cm × 6	(10cm+2cm)

ツリー

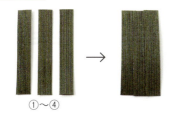

1 ①〜④ひもをそれぞれ3枚ずつ、上側を2mm重ねて下側を少し広げて貼り合わせる。

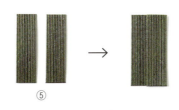

2 ⑤ひもは2枚ずつ、1と同様に貼り合わせる。

3 貼り合わせた①〜⑤ひもを写真のようにカットし、下半分に2本幅の切り込みを入れる。

4 切り込みを入れた3の上部を3枚ずつ重ねて貼り、さらに端同士もボンドでとめて筒状にする。

5 ①〜③は各2個、④と⑤は各1個、枝葉ができる。

6 筒状の①枝葉の上部にボンドをつけ、もう1つの①枝葉をかぶせる。

7 かぶせたところ。枝葉が重ならないように向きを調整する。

8 同様に筒状の②〜⑤枝葉を下から順に積み上げるようにかぶせて貼る。

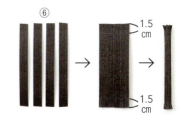

9 ⑥ひも4枚を2mm重ねて貼り合わせ、両端に1.5cmの切り込み（3本幅くらい）を入れ、巻いて幹を作る。

10 ⑦ひもを中心に幹が通るくらいの穴を作ってボンドでとめ、くるくる巻く。巻き終わりは4〜5cmボンドでとめる。ひもを1本幅分ずらして持ち上げ、内側にボンドを塗り込んで乾かす（P.32参照）。

11 幹の下端を10の台の穴に通す。台の裏側で切り込み部分を広げてボンドでとめる。

12 幹の上端の切り込み部分を広げてボンドをつけ、枝葉を差し込んで固定する。

13 手で枝葉を広げてツリーの形を整える。

14 ⑧ひもを1本幅に割り、ハサミで細かくカットする。

15 14を小さな容器に入れ、刃先でさらに細かくカットして粉状にする。

雪

星

16 ⑨ひも3枚のうち1枚を6本幅に割いて2枚に分けておく。

17 表側に6本幅1枚と12本幅1枚を横向きに、裏側に12本幅1枚と6本幅1枚を縦向きに貼り、2重のシートを作る（P.31参照）。

18 型紙（P.103参照）を当てて、星の形にカットする。

ベル

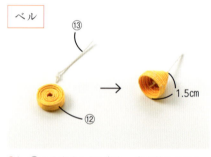

19 星の下端の裏側に⑩ひもを貼る。

20 19で貼った⑩ひもに⑪ひもを巻いてとめ、ボンドをつけてツリーのてっぺんにとりつける。⑪ひもの長さはツリーの穴の大きさに合わせ、星がちょうど収まるように調整するとよい。

21 ⑫ひもをくるくる巻き、巻き終わりは4～5cmボンドでとめる。ひもを持ち上げて高さ1.5cmにし、内側にボンドを塗り込んで乾かす。⑬ひもの先をひと結びし、ベルの中央に内側から通す。計6個作る。

玉飾り

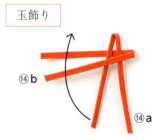

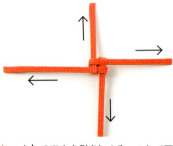

22 ⑭ひも2本を半分に折り、bのひもでaのひもを挟む。aの左のひもを上向きに折る。

23 bの上のひもを折り、aの折り山のループに通す。

24 aとbのひもを引きしめる。これで四つ畳み1回と数える。

25 裏返し、下のひもを上向きに折る。

26 左のひもから時計回りにひもを順に折り畳む。最後のひも★は25で折ったひものループに通し、ひもを引きしめる。これで四つ畳み2回。

27 上のひもを下向きに折り、今度は反時計回りにひもを同様に折り畳む。これで四つ畳み3回。

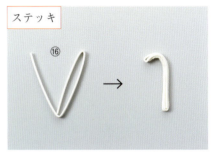

28 ひもをしっかりと引きしめてから余分をカットし、竹串などでひも端にボンドを入れてとめる。

29 玉飾りのでき上がり。⑮ひもも同様に四つ畳みを3回して作る。⑭は計9個、⑮は計5個作る。

30 ⑯ひもを三つ折りにしてボンドで貼り合わせ、先端を曲げる。

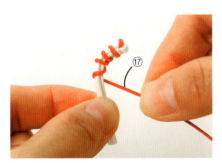

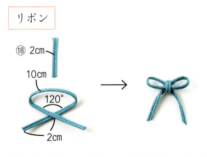

31 ⑰ひもの端にボンドをつけてステッキに貼り、巻いていく。

32 ステッキのでき上がり。計5個作る。

33 ⑱ひもを10cmと2cmに切り分け、P.100の6〜8を参照し、リボンを計6個作る。

34 ツリーの枝葉にボンドをつけ、指先で雪をつける。

35 飾りをボンドでバランスよく貼りつける。

36 でき上がり。

トレー | Photo P.25

大
直径約23cm

小
直径約12.5cm

◎材料
大　ハマナカ エコクラフト［30m巻］　マロン（114）1巻
小　ハマナカ エコクラフト［5m巻］　マロン（14）1巻
◎用具　30ページ参照

◎用意する幅と本数

	色	幅	大 長さと本数	小（1個分） 長さと本数
①底ひも	マロン	12本幅	21cm × 28	12cm × 16
②丸枠ひも	マロン	3本幅	186cm × 2	103cm × 2
③縁ひも	マロン	6本幅	1015cm × 1	225cm × 1
④模様ひも	マロン	3本幅	13cm × 5	7cm × 4
⑤模様ひも	マロン	3本幅	13cm × 10	8cm × 8
⑥模様ひも	マロン	3本幅	5cm × 5	

※ 大で解説をしています。小は指定の長さと本数で同様に作ります。

1　①ひもを表側に大は14枚、小は8枚を横向きに、裏側にそれぞれ残りのひも（大は14枚、小は8枚）を縦向きに貼る（P.31参照）。

2　全部貼ったところ。2重のシートができる。

3　②ひもの端から大は60cm、小は33cmのところに印をつけ、ひも端を合わせて輪を作り、ボンドをつけながら3周貼る。

4　貼ったところ。同じものをもう1個作る。

5　丸枠にボンドをつけて2の上にのせて貼る。

6　丸枠からはみ出ている部分をカットする。

表側

7 カットしたところ。

裏側

8 裏側にもう1個の丸枠を貼る。丸枠の②ひもの貼り始め位置を表とそろえるとよい。

③

9 表に返し、③ひもを丸枠の上端に合わせてボンドで1周貼る。

10 2周目からはボンドをつけずにくるくる巻き、巻き終わりは4〜5cmをボンドでとめる。

11 巻いた③ひもを1本幅分ずらして持ち上げ、その部分に表も裏もボンドを塗り込んで乾かす。

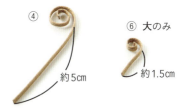

④ ⑥ 大のみ
約5cm 約1.5cm

12 模様パーツを作る。④ひも、⑥ひもの端をペンチで丸める。

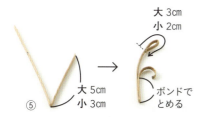

大 3cm
小 2cm
大 5cm
小 3cm
⑤
ボンドでとめる

13 ⑤ひもを大は5cm、小は3cmのところで折り、根元をボンドでとめる。上のひも端を大は3cm、小は2cmのところで輪を作ってとめる。もう片方のひも端はペンチで丸める。

大
④ ⑤ ⑥

14 大の模様パーツの1セット。計5セット作る。

小
約3cm
④ ⑤

15 小の模様パーツの1セット。計4セット作る。

⑥ ④ ⑤ ⑤

16 トレーの丸枠の内側に模様パーツをボンドで貼る。

大

17 大のでき上がり。

小
⑤ ④

18 小も指定の長さと本数で同様に作り、模様パーツを貼る。

95

ユーカリのリース | Photo P.27

直径約20cm

◎**材料**　ハマナカ エコクラフト［5m巻］
　わさび（36）2巻　モスグリーン（12）1巻
◎**用具**　30ページ参照

◎**用意する幅と本数**

	色	幅	長さと本数	
①ベースひも	モスグリーン	12本幅	500cm × 1	
②ユーカリの葉	わさび	12本幅	1.5cm × 424	（大8枚×44本＋小6枚×12本）
③ユーカリの茎	わさび	2本幅	12cm × 56	（大44本＋小12本）

1　P.100の1〜4を参照して①ひも500cmでリースを作るが、①ひもの残りが80cmになったら、輪にからめるように巻きつける。

2　P.98・99の18〜20を参照し、②、③ひもでユーカリを作る。茎1本につき、小は葉6枚、大は葉8枚をそれぞれ2枚ずつ向かい合わせに茎に貼る（葉は上にいくほど小ぶりのものにし、小の茎は長さを1.5cmカットする）。

3　ユーカリの茎にボンドをつけ、リースの中に差し込んだり、上に貼ったりして固定する。

4　リースの表側を埋めるようにユーカリをつけていく。

5　でき上がり。ユーカリの本数の目安は、大44本、小12本。

6　裏側から見たところ。

星形クリスマスリース　Photo P.26

直径約32cm

◎**材料**　ハマナカ エコクラフト [5m巻]
　チョコレート（15）、こはく（32）、モスグリーン（12）、赤（31）、わさび（36）各1巻
◎**用具**　30ページ参照

◎**用意する幅と本数**

	色	幅	長さと本数	
①星形ベースひも	チョコレート	12本幅	30cm × 10	
②とりつけリング	チョコレート	6本幅	15cm × 1	
③ベル	こはく	8本幅	160cm × 1	
④ベルのつりひも	チョコレート	4本幅	42cm × 1	(a 20cm　b 13cm　c 9cm)
⑤ヒイラギの葉	モスグリーン	12本幅	3.5cm × 15	(3×5個)
⑥ヒイラギの実	赤	2本幅	5cm × 15	(3×5個)
⑦ユーカリの葉	わさび	12本幅	1.5cm × 48	(8枚×6本)
⑧ユーカリの茎	わさび	2本幅	12cm × 6	
⑨つる	チョコレート	4本幅	15cm × 2	

リース

1　①ひもをすべて2枚ずつ重ねて貼り合わせておく。

2　2重にした①ひもを星形に交互に組む。

3　組んだところ。中心部が正五角形になるように調整する。

4　ひもとひもの重なり部分をボンドでとめる。余ったひもを刷毛がわりにしてボンドを入れるとよい。

5　角を丸くカットする。

6　②ひもで3重のリングを作り、ボンドで貼り合わせる。

7 6のリングを五角形の左上の交差のところに貼る。

ベル

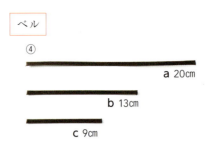

8 つりひもを作る。④ひもをa 20cm、b 13cm、c 9cmに切り分ける。

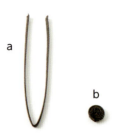

9 aは半分に折り、bはボンドをつけながらくるくる巻く。

10 aの折り山にbを貼りつけ、下端から4.5cmのところにcをボンドで巻きつける。

11 ベルを作る。③ひもを中心にベルのつりひもが通る穴を作ってボンドでとめ、くるくる巻く。巻き終わりは4〜5cmボンドでとめる（P.32参照）。

12 ひもを持ち上げて高さ6cmにする。

13 内側にボンドを塗り込んで乾かす。

14 ベルの内側からつりひもを通す。

15 つりひもの残り部分にボンドをつけ、7で貼ったリングの外側に沿わせて貼る。

ヒイラギ

16 P.100の9〜12を参照し、⑤、⑥ひもでヒイラギを5個作る。

17 ヒイラギ5個をまとめて⑥ひもの下部をボンドで貼り、根元を6mm残してカットする。

ユーカリ

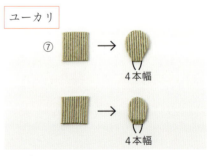

18 ⑦ひもをユーカリの葉の形にカットするが、大きさの異なる葉を作る。

19 ⑧ひもの先を斜めにカットし、1本につき葉8枚を2枚ずつ向かい合わせに根元を少し折って貼る。上にいくほど小ぶりのものにするとよい。

20 貼ったところ。計6本作る。

21 ⑨ひもを指に巻きつけてカールさせ、つるを作る。

22 リングにボンドを入れ、ヒイラギを差し込む。

23 ユーカリとつるをバランスよく配置して貼る。

24 でき上がり。

ポインセチアのクリスマスリース | Photo P.28-29

直径約20cm

◎材料　ハマナカ エコクラフト［5m巻］　チョコレート（15）2巻、赤（31）、モスグリーン（12）、クリーム（10）、わさび（36）各1巻

◎用具　30ページ参照

◎用意する幅と本数

	色	幅	長さと本数	
①ベースひも	チョコレート	12本幅	1000cm×1	（500cm×2）
②リボン	赤	12本幅	50cm×1	（45cm+5cm）
③ヒイラギの葉	モスグリーン	12本幅	3.5cm×30	（3×10個）
④ヒイラギの実	赤	2本幅	5cm×30	（3×10個）
⑤ポインセチアの中心の花	赤	2本幅	4cm×6	（3×2個）
ポインセチアの中心の花	クリーム	2本幅	4cm×4	（2×2個）
ポインセチアの中心の花	わさび	12本幅	0.8cm×10	
⑥ポインセチアの苞（小）	赤	12本幅	3cm×3	
ポインセチアの苞（小）	クリーム	12本幅	3cm×3	
⑦ポインセチアの苞（中、大）	赤	12本幅	4cm×12	（6枚）
ポインセチアの苞（中、大）	クリーム	12本幅	4cm×12	（6枚）
⑧ポインセチアの柄	赤	3本幅	4cm×9	
ポインセチアの柄	クリーム	3本幅	4cm×9	
⑨ポインセチアの葉	モスグリーン	12本幅	4.5cm×12	（6枚）
⑩オリーブの葉	わさび	10本幅	4cm×18	
⑪オリーブの葉柄	わさび	1本幅	7cm×18	

リース

1 ①ひもを3本幅に割く（5m巻を使用する場合はボンドでとめて1000cmにつなげる）。4本がからまないようにところどころビニールタイでとめておく。

2 ①ひもの先端をまとめ、端から50cmのところにボンドでとめて輪を作る。

3 割いた4本を一緒に巻いて輪を大きくしていき、①ひもの残りが100cmになったら、残した100cmのひもで輪にからめるように等間隔に巻きつける。

4 最後は①ひもをボンドで裏側にとめる。

リボン

5 ②ひもを45cmと5cmに切り分ける。

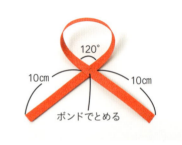

6 45cmのひもの両端から10cmのところに印をつけ、ひもをクロスさせて120度くらい開くようにボンドでとめる。

7 クロスさせた部分にリボンの輪をボンドでとめる。

8 5cmのひもでリボンの中央を巻き、裏側で貼り合わせる。下のひもを手で内側に向くようにひねり、ひも先を斜めにカットする。

ヒイラギ

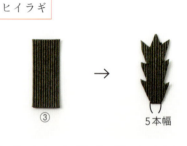

9 ③ひもをヒイラギの葉の形にカットする。

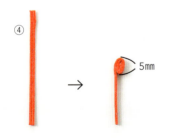

10 ④ひもの先端を手で3回折ってボンドで貼り、実を作る。

11 実にボンドをつけて3本ずつまとめて貼り合わせ、そのまわりに9の葉を3枚ずつバランスよく貼る。

12 葉を貼ったところ。計10個作る。

ポインセチア

13 P.84の1〜3を参照し、⑤ひもで中心の花を作る。

14 中心の花の赤3個、クリーム2個の根元をまとめてボンドでとめる。もう1個同じものを作る。

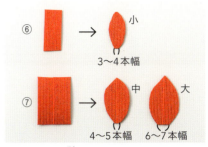

15 ⑥ひもを苞の形にカットする。⑦ひもは2枚を2mm重ねて貼り合わせてから苞の形にカットするが、中は大よりやや小さくカットする。赤とクリームそれぞれ、小3枚、中3枚、大3枚作る。

16 ⑧ひもの先端を斜めにカットし、15の苞の裏側に貼る。

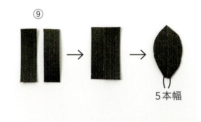

17 ⑨ひも2枚を2mm重ねて貼り合わせ、葉の形にカットする。全部で6枚作る。

18 14の中心の花のまわりに、苞の小3枚、中3枚、大3枚を順にバランスよくボンドで貼る。

19 花1個に対し、葉3枚をバランスよくボンドで貼る。

20 クリームの苞も同様に作る。苞の先を手で反らせて表情をつける。

オリーブ

21 ⑩ひもをオリーブの葉の形にカットするが、大きさの異なる葉を作る。全部で18枚カットする。

22 葉を3枚1組にし、⑪ひも3本を葉の表側に貼り、⑪ひもの下部をまとめて貼る。全部で6組作る。

23 リースの上部中央にリボン、下部中央にポインセチアを差し込む。まわりにヒイラギとオリーブをバランスよく配置する。各パーツは根元にボンドをつけ、リースの中に差し込んだり、上に貼ったりして固定する。

24 でき上がり。

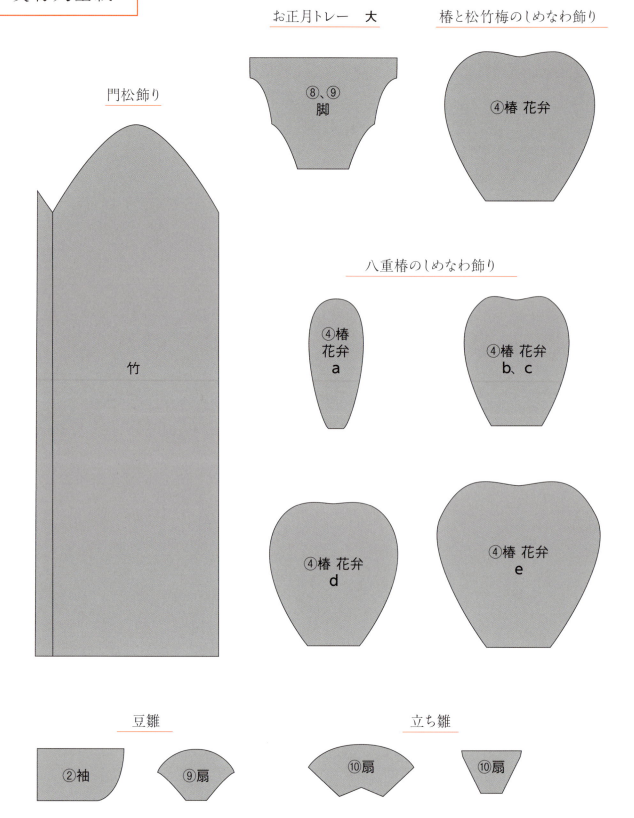

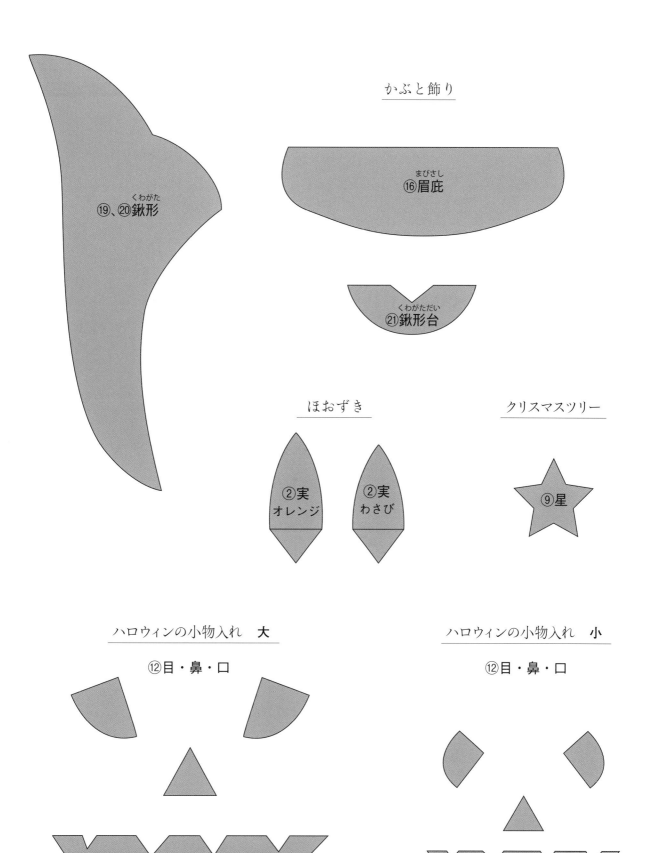

荒関まゆみ　mayumi araseki

横浜市在住。母親の影響で手芸に興味をもち、2001年よりエコクラフト手芸の指導を始め、書籍や雑誌への作品発表、テレビ出演など幅広く活躍中。現在、神奈川県内と都内の3カ所のカルチャーセンターでエコクラフト講座を開講中。完成度の高い仕上がりと、シンプルでセンスの光る作風が人気。著書は、『エコクラフトで編む 暮らしのかごとバッグ』『編み方いろいろ エコクラフトのかご』『組み方を楽しむ エコクラフトのかご作り』『手づくりLesson はじめてでも作れるエコクラフトのかご&バッグ』（すべて朝日新聞出版）、『エコクラフトで作る まいにちのバッグとかご』（成美堂出版）、『エコクラフトで作る かごとバッグ総集編』（ブティック社）など多数。
ホームページ　http://www5a.biglobe.ne.jp/~hpkoto/

◎Staff
ブックデザイン　平木千草
撮影　下村しのぶ
プロセス撮影　中辻 渉
スタイリング　大原久美子
トレース　白くま工房
作り方協力　佐屋光枝
編集　小出かがり（リトルバード）
編集デスク　朝日新聞出版 生活・文化編集部（森 香織）

◎撮影協力
AWABEES　TEL. 03-5786-1600
UTUWA　TEL. 03-6447-0070

◎エコクラフトと用具提供
ハマナカ株式会社
〒616-8585　京都市右京区花園薮ノ下町2番地の3
FAX. 075-463-5159
http://www.hamanaka.co.jp
info@hamanaka.co.jp

印刷物のため、作品の色は実物とは多少異なる場合があります。

エコクラフトの雑貨　春夏秋冬

著　者　荒関まゆみ
発行人　片桐圭子
発行所　朝日新聞出版
〒104-8011　東京都中央区築地5-3-2
（お問い合わせ）infojitsuyo@asahi.com
印刷所　株式会社シナノグラフィックス

©2019 Mayumi Araseki
Published in Japan by Asahi Shimbun Publications Inc.
ISBN　978-4-02-333274-4

定価はカバーに表示してあります。
落丁・乱丁の場合は弊社業務部（TEL. 03-5540-7800）へご連絡ください。
送料弊社負担にてお取り替えいたします。

本書および本書の付属物を無断で複写、複製（コピー）、引用することは
著作権法上での例外を除き禁じられています。また代行業者等の第三者に依頼して
スキャンやデジタル化することは、たとえ個人や家庭内の利用であっても
一切認められておりません。